Ceticismo

CB007826

Duncan Pritchard

Ceticismo
Uma brevíssima introdução

Tradução
Rodrigo Pinto de Brito
Alexandre Skvirsky

editora
unesp

Direitos de publicação reservados à:
Fundação Editora da Unesp (FEU)
Praça da Sé, 108
01001-900 – São Paulo – SP
Tel.: (0xx11) 3242-7171
Fax: (0xx11) 3242-7172
www.editoraunesp.com.br
www.livrariaunesp.com.br
atendimento.editora@unesp.br

Dados Internacionais de Catalogação na Publicação (CIP) de acordo com ISBD
Elaborado por Vagner Rodolfo da Silva – CRB-8/9410

P961c   Pritchard, Duncan

Ceticismo: uma brevíssima introdução / Duncan Pritchard; traduzido por Alexandre Skvirsky, Rodrigo Pinto de Brito. – São Paulo: Editora Unesp, 2024.

Tradução de: *Scepticism: A Very Short Introduction*
Inclui bibliografia.
ISBN: 978-65-5711-222-9

1. Filosofia. 2. Ceticismo. 3. História da filosofia. 4. Tradições filosóficas. 5. Escolas de pensamento. 6. Introdução. I. Skvirsky, Alexandre. II. Brito, Rodrigo Pinto de. III. Título.

CDD 100
CDU 1

2024-778

Editora afiliada:

Asociación de Editoriales Universitarias
de América Latina y el Caribe

Associação Brasileira de
Editoras Universitárias

Para meus pais,
Daisy e Les Pritchard

AGRADECIMENTOS

O ceticismo é o tema que me fisgou para a filosofia, e é o tópico para o qual me vejo sempre retornando. Inevitavelmente, então, quando fui procurado pela Andrea Keegan, da Oxford University Press, para escrever o livro sobre ceticismo que faria parte da série Very short introduction [Uma brevíssima introdução], agarrei a oportunidade. Sou grato a Jenny Nugee por sua ajuda com o preparo do manuscrito, Deborah Protheroe por sua assistência na seleção de imagens, Joy Mellor por seu excepcional trabalho de preparação de texto, e a dois revisores anônimos da Oxford University Press que ofereceram extensos comentários a uma versão anterior do texto.

Um dos desafios de qualquer tentativa de escrever sobre um tema filosófico contemporâneo para o público geral é encontrar um caminho que atravesse a terminologia utilizada pela filosofia acadêmica e chegue às questões fundamentais. A sorte claramente beneficiou o projeto, já que à mesma época que a Oxford University Press me procurou, foi-me dada a oportunidade de produzir um Massive Open Online Course

(MOOC – Curso On-line, Aberto e Massivo) para a Universidade da Califórnia, em Irvine (UCI). Trabalhar nesses projetos em conjunto, ambos direcionados a públicos amplos, levou-me a pensar sobre como ideias céticas costumam ser usadas – eu diria *mal*-usadas, como explico no livro – para incentivar certas posições relativistas problemáticas no debate público. De forma mais específica, fez-me ver de que modo uma introdução ao ceticismo poderia relacionar temas céticos a questões contemporâneas, e, dessa maneira, tornar essas questões relevantes para quem não é especialista. Você pode encontrar esse curso on-line e se matricular (sem custo) na plataforma Coursera. Para mais detalhes, acesse: https://www.coursera.org/learn/skepticism (ver também o curso "Relativismo", parte desse projeto, ministrado pela colega Annalisa Coliva).

Tive imenso apoio da UCI para a elaboração deste livro por meio do MOOC, cuja produção avançava paralelamente à escrita. O apoio incluiu Douglas Haynes, vice-diretor da Equidade, Diversidade e Inclusão Acadêmicas, Gary Matkin, decano de Educação Continuada, e Megan Wanlin Linos, diretora de Design de Experiência de Aprendizado e Educação On-line do departamento de Excelência de Ensino e Inovação. Todos apoiaram o projeto desde o começo, bem como todos que estiveram envolvidos na produção do curso, em especial LaDawna Minnis e Kristoffer Velasquez. Agradeço também aos distintos acadêmicos da UCI que participaram da filmagem do curso, como parte de dois painéis de debates dedicados a questões que surgiram dos capítulos 1 e 4: Howard Gilman, chanceler da UCI e ilustre defensor da liberdade de expressão no *campus*; Julia Lupton, decana-associada de Pesquisa da Escola de Humanidades e sumidade em Shakespeare; Michael Dennin, vice-diretor de Ensino e Aprendizagem, físico e defensor da popularização da ciência; e o renomado biorroboticista David Reinkensmeyer.

Por fim, agradeço a minha esposa Mandi e nossos meninos queridos, Alexander e Ethan. Mandi lançou seu penetrante olhar crítico sobre o manuscrito e fez muitas sugestões valiosas. Este é também o primeiro dos meus livros que foi lido pelo Alexander, que leu uma versão inicial – espero que este livro não seja seu último!

D.H.P.
Irvine, EUA
Abril, 2019

Sumário

Capítulo 1
O que é ceticismo?

Introduzindo o ceticismo

Em poucas palavras, ceticismo é *duvidar*, de modo que ser cético sobre algo é ter dúvidas sobre isso. Ceticismo pode ser aplicado a muitas coisas: alguém pode ser cético em relação a uma pessoa (por exemplo, sobre os famosos vendedores de carros usados), um assunto (por exemplo, previsões de horóscopo) e mesmo objetos (por exemplo, alguém pode ser cético sobre se um ar-condicionado capenga vai sobreviver ao verão). O que essas diferentes formas de ceticismo têm em comum é que nelas se está preocupado com se é possível confiar naquilo que está em questão, seja o conselho do vendedor de carros usados, as previsões do horóscopo ou a efetividade do ar-condicionado. Em suma, o ceticismo mina a *crença* (crença de o vendedor de carros dizer a verdade, crença de que o aparelho de ar-condicionado vai sobreviver ao verão, e assim por diante). É nisso que nos concentraremos neste livro.

Certo grau de ceticismo é frequentemente positivo. Fato é que conversamos sobre ter um "ceticismo saudável", em que isso significa não simplesmente aceitar qualquer coisa que se diz. O ceticismo, nesse sentido, é o antídoto contra a *credulidade*, e claramente ninguém quer ser crédulo o tempo todo. Afinal, algumas coisas requerem ceticismo. Tome o exemplo que acabei de dar dos horóscopos. Essas previsões são notoriamente problemáticas na medida em que ou são muito específicas – neste caso frequentemente estão erradas –, ou mais comumente são tão gerais que se encaixariam em qualquer eventualidade – neste caso não se pode ter certeza de a qual evento estaria se referindo. Além disso, também sabemos que não há base científica para a astrologia – há muito tempo os cientistas abandonaram a astrologia a favor da astronomia, que, diferentemente da astrologia, é uma disciplina científica aceita. Então, há fundamentos fortes para ser cético sobre a confiabilidade dos horóscopos.

Um ceticismo saudável pode também nos impedir de sermos persuadidos por aqueles que querem nos enganar. Por exemplo, uma vez que sabemos que vendedores de carros usados têm motivo para quererem que compremos um veículo pelo preço mais alto possível, sabemos que devemos considerar o que dizem com uma pitada de desconfiança, e não simplesmente aceitar tudo. Em geral, se alguém que não conhecemos bem nos diz algo que parece, a princípio, ser inacreditável – por exemplo, que a rainha da Inglaterra acaba de ser presa por furtar uma loja –, então o nosso instinto cético deve nos alertar para não aceitarmos esse testemunho apenas com base na confiança. Isso não significa que nunca devemos aceitar

Figura 1. Mudança climática. Há um claro consenso científico a respeito da influência dos seres humanos na mudança climática, incluindo sua relevância para alguns eventos climáticos contemporâneos (como os incêndios de 2017 na Califórnia desta imagem). Contudo, isso não impediu que algumas notórias figuras políticas negassem o consenso científico.

testemunhos incríveis, mas somente que devemos sempre exigir fundamentos extras nesses casos (por exemplo, podemos querer ver as notícias para verificar esse espantoso relato).

No entanto, esse ceticismo específico pode facilmente deslizar para algo mais extremo e generalizado. É esse ceticismo – conhecido como *ceticismo radical* – que será de particular interesse para nós. O que devemos fazer a respeito da tendência contemporânea de ser cético sobre a ciência em alguns aspectos da vida pública, como sobre o consenso científico acerca das mudanças climáticas causadas pelo ser humano (Figura 1)? Note que esse ceticismo é muito diferente do ceticismo sobre horóscopos. Neste caso, o ceticismo é fundamentado em uma crença na confiabilidade da ciência. Isso parece legítimo porque consideramos a ciência como um modo paradigmático de se chegar à verdade sobre o mundo ao nosso redor. Mas quando se é cético sobre a própria ciência, então é claro que esse tipo de ceticismo não pode ser fundamentado na ciência. Se rejeitamos a autoridade da ciência de nos dizer coisas sobre o mundo ao nosso redor, então qual será a nossa base para a crença em relação ao mundo? A preocupação é que um ceticismo saudável esteja aqui se metamorfoseando em um ceticismo generalizado, que é uma fera inteiramente diferente.

Vamos colocar a coisa de outro modo. Pode haver todos os tipos de boas razões que justifiquem ser correto ser cético sobre afirmações particulares, tais como as sobre o que horóscopos e vendedores de carros usados nos dizem. Essa dúvida cética *localizada* é, contudo, baseada no que sabemos, como o nosso conhecimento da natureza não científica dos horóscopos e das motivações dos vendedores de carros usados. Uma vez que mudamos de uma dúvida cética localizada para uma que é muito mais geral – como quando, *em massa*, nos tornamos céticos em relação a afirmações científicas –, então é difícil entender como nosso ceticismo é fundamentado no que sabemos. Afinal, o que quer que citemos como razões para essa dúvida, não estariam elas também em dúvida? A preocupação é que em vez de estar fundamentada em algo em que possamos confiar, como uma dúvida cética localizada deve estar, uma dúvida cética generalizada, ou vendida no atacado, torna-se totalmente desgovernada.

Figura 2. Pós-verdade / política dos fatos. Um debate teve início após a posse presidencial de Donald Trump em 2017. Questionava-se se as fotos oficiais do governo haviam sido editadas para fazer parecer que a multidão fosse maior do que realmente era, de modo que não ficasse "atrás" de posses presidenciais anteriores (ou seria esse apenas um caso de "fatos alternativos", como um dos assessores de Trump descreveu o caso na época?). Esta foto compara a multidão de 2017 (à direita) com a que compareceu na posse de Barack Obama em 2013 (à esquerda).

Quando esse ceticismo mais radical se enraíza na vida pública, então há todo tipo de ramificações práticas, muitas delas nada atraentes. Uma consequência é a falta de preocupação com a precisão e com a verdade. Pense, por exemplo, em fenômenos contemporâneos como "falso fato" e "pós-verdade política" (Figura 2), por meio dos quais as pessoas na vida pública afirmam falsidades, aparentemente, sem punição. Um ceticismo radical efetivamente permite esse fenômeno, uma vez que, se tudo está aberto à dúvida, então não há nada que seja aceito como verdadeiro, e é assim que o que é verdadeiro começa a sair da equação.

Uma vez que a preocupação com verdade e precisão é perdida, então uma dúvida cética radical dá lugar a um *relativismo* predominante sobre a verdade. Esse é o ponto de vista segundo o qual a verdade é simplesmente o que quer que alguém diga que ela é. Por exemplo, um grupo endossa o consenso científico de que a mudança climática é causada por humanos, enquanto outro argumenta que esses cientistas são todos parte de uma conspiração global para enganar o público. De acordo com o relativismo, *ambos* os grupos podem estar certos, uma vez que a verdade é relativa à opinião subjetiva.

A princípio, pode parecer libertador se livrar da preocupação com a verdade e a precisão, e permitir que grupos opositores possam ambos estar corretos, mas isto é uma ilusão. Note que dizer que ambos os grupos em uma disputa estão corretos é tão vazio quanto dizer que ambos estão errados. Uma vez que se abandona a ideia de precisão, não importa mais o que é verdadeiro e o que não é. Mas fazer as coisas corretamente *deveria* importar.

Para comprovar, basta considerar algo que você julga extremamente importante. Por exemplo, imagine que é acusado de um crime sério que não cometeu. Não importa para você que a verdade seja trazida à luz e que, consequentemente, seja absolvido? E não seria pavoroso se, mesmo depois de ter sido absolvido, seus acusadores continuassem a manter, em espírito relativista, que, mesmo com a evidência que levou à sua inocência no julgamento, era tão "verdadeiro" que você havia cometido o crime? Você certamente consideraria isso uma injustiça, e estaria certo. Isso demonstra que a verdade importa, e significa a verdade no sentido do que realmente aconteceu. É claro que não pode haver múltiplos relatos inconsistentes sobre o que aconteceu. Ou você cometeu o crime, ou não. Se não cometeu, então qualquer um que diga o contrário está dizendo algo falso, e não dizer algo verdadeiro é dizer algo relativo à sua opinião subjetiva.

Então, como podemos diferenciar, baseados em princípios, um ceticismo saudável que mira somente afirmações específicas de um ceticismo generalizado que tem as consequências perniciosas mostradas anteriormente? Essa é uma das questões-chave que iremos explorar. Com essa finalidade, primeiramente examinaremos um famoso argumento filosófico que propõe demonstrar que é impossível conhecer qualquer coisa. Se esse argumento for bem-sucedido, então ele fornece uma base para o ceticismo generalizado que acabamos de ver. Mas, como iremos notar, há várias respostas ao ceticismo generalizado. Também iremos considerar um influente relato filosófico sobre o florescimento humano que põe as virtudes no centro do palco, incluindo as virtudes intelectuais, e como uma forma de ceticismo localizado pode ser fundamentada nessas virtudes. Muito grosseiramente, as virtudes são traços de caráter que contribuem para o florescimento humano, no qual as virtudes intelectuais são um subconjunto dos traços que estão especialmente preocupados com fins intelectuais, como precisão e verdade. Olharemos como uma atitude cética pode ser integrada a um relato sobre as virtudes intelectuais, para encontrarmos um modo de determinar quando o ceticismo é saudável e quando não é.

Verdade, relativismo e falibilidade

Na seção anterior, conhecemos o relativismo acerca da verdade. Essa é a ideia de que o que é verdadeiro é relativo de acordo com a opinião subjetiva de alguém, de modo que, se essa opinião estiver em conflito com a opinião de outra pessoa, então – sem problemas! – vocês podem *ambos* estar certos. Notamos que o relativismo sobre a verdade não é tão bom quanto se diz, ao menos não na medida em que se todos estiverem certos então todos estão igualmente errados. A questão é que se for perdida a ideia de que a verdade reconhece se um ponto de vista é preciso ou não, então não importa mais se esse ponto de vista é verdadeiro ou falso. Contudo, claramente nos importamos em acertar, em especial quando envolve algo de pessoal, como se uma pessoa é erroneamente considerada culpada de um crime. Ou, tomando outro exemplo, se um médico está prestes a te operar, eu acho que você deveria se importar bastante se a cirurgia foi decidida a partir de informações baseadas em práticas médicas aceitas, em vez de somente na opinião subjetiva do médico.

Mas se o relativismo da verdade é uma ideia tão ruim, então por que algumas pessoas são atraídas por ele? Acho que há várias razões. Uma delas pode ser que *algumas* coisas são simplesmente questão de opinião subjetiva. De quais comidas você gosta, o que você acha engraçado, seu filme favorito e assim por diante. Essas são questões subjetivas. Note que não há nada de esquisito no fato de eu odiar doces e a maioria das pessoas realmente gostar. Mas, se algumas coisas – questões de gosto, essencialmente – são apenas questão de opinião subjetiva, isso não significa que tudo seja.

Suponha, por exemplo, que um cientista afirma ter descoberto um novo planeta. Ou o que ele diz é verdade (o planeta que ele descreve existe), ou é falso (o planeta que ele descreve não existe). Opiniões não importam de jeito nenhum. E isso se dá precisamente porque, quando falamos sobre se algo é verdadeiro, queremos saber se é de fato, e não meramente o que alguém pensa ser verdade.

(A propósito, ainda há a verdade quando falamos sobre questões subjetivas de gosto, como sobre quais comidas alguém prefere. Pegue a afirmação de que eu não suporto doces. É pura questão de opinião subjetiva que eu não gosto de doces, diferentemente da maioria das pessoas. Mas *não* é uma questão de opinião subjetiva que *é verdade* que eu não gosto de doces, assim como não é uma questão de opinião subjetiva que outras pessoas tendem a gostar de doces. Assim como no caso que acabo de descrever sobre a descoberta de um planeta, ou eu gosto de doces ou não. Se eu não gosto de doces, então a afirmação de que não gosto é verdadeira; a oposta é falsa. Não há nada relativo ou subjetivo sobre isso.)

Outra razão pela qual algumas pessoas podem ser atraídas pelo relativismo é que ele pode superficialmente parecer libertador e, até mesmo, parecer uma forma de respeitar os pontos de vista daqueles de quem discordamos. Em vez de se posicionar em um debate, pode-se agora dizer que ambos os grupos estão certos. Este não é um modo de respeitar os pontos de vista de todos os envolvidos? Isso não é de jeito nenhum respeitar os pontos de vista das outras pessoas. Afinal, elas não estavam dizendo que aquelas eram suas opiniões subjetivas, mas que eram a verdade – ou seja, que elas estavam corretas e que o outro grupo estava errado. Ao dizer que elas estavam apenas afirmando uma verdade relativa, no entanto, estamos efetivamente dizendo que o que elas afirmaram não é verdadeiro, ao menos não do modo que elas haviam colocado. Afinal, não estavam dizendo que era sua opinião subjetiva, mas que era de fato (ou seja, objetivamente) verdade. Estavam afirmando que elas eram corretas e os pontos de vista dos outros eram errados, não que ambos estavam dizendo algo verdadeiro (embora de um modo relativista).

O que se aplica às opiniões dos outros se aplica com ainda mais força às opiniões próprias. Pense nas suas crenças mais profundas, como suas convicções éticas, políticas ou religiosas. Agora, contraste-as com afirmações de que elas são meramente uma questão de sua opinião subjetiva. Você sem dúvida pensa que elas são verdadeiras e, por isso, tem convicção nelas. Mas que conforto teria ao descobrir que "verdadeiro" aqui apenas significa sua opinião subjetiva e nada mais? Afinal, você não acha que suas convicções mais profundas são somente questões de gosto, tal como se você gosta (ou não gosta) de doces.

Suponha, por exemplo, que você se depare com alguém que tenha pontos de vista políticos totalmente diferentes dos seus. Talvez você seja a favor da democracia liberal ocidental, enquanto a outra pessoa seja a favor de um estado totalitário governado por um único líder. Se esse desacordo for somente sobre uma questão de gosto, então não há nada do que discordar, não mais do que "discordar" de alguém sobre se doces são bons (eles simplesmente não são bons para mim, mas são para os outros). Ainda assim, claramente há algo do qual vale a pena discordar nesse assunto, na medida em que a organização política da sociedade tem todo tipo de implicações práticas na nossa vida. Esse não é o tipo de problema para o qual se pode simplesmente dar de ombros, como você poderia fazer se eu dissesse que não gosto de doces!

Ainda outra razão pela qual eu penso que algumas pessoas são inicialmente atraídas pelo relativismo é devido à *falibilidade* inerente de nossos juízos. O que quero dizer é que, mesmo nossos melhores juízos podem, às vezes, estar equivocados. Colocando de outro modo, não somos criaturas infalíveis. Isso é verdade mesmo em ciência. As melhores, mais fundamentadas teorias científicas atuais podem dar lugar, ao longo do tempo, a teorias científicas melhores que substituam completamente as anteriores (lembre-se que a ideia de que o Sol orbitava a Terra, em vez do oposto, foi outrora amplamente afirmada). Mas se é sempre possível que estejamos errados,

Figura 3. Relativismo e arte. Enquanto o relativismo no tocante à verdade pode ter consequências sociais e políticas perniciosas, ideias relativistas de modo geral energizaram o mundo da arte na primeira metade do século XX, como ilustra a obra *Retrato de um filósofo* (1915), da artista russa de vanguarda Lyubov Popova (1889-1924).

então qual grau de certeza podemos ter de alguma vez estarmos certos? Ou seja, quão confiantes podemos estar de que aquilo em que acreditamos é realmente verdade, e não somente uma opinião subjetiva que poderia se revelar falsa? Assim sendo, por que não abandonar a ideia de verdade como algo objetivo e, em vez disso, tratá-la como meramente relativa (Figura 3)?

Há vários pontos que devemos esclarecer. O primeiro é que essa linha de raciocínio está impulsionando principalmente o ceticismo, e não o relativismo. Este é um bom momento para nos lembrarmos das diferenças entre eles. Lembre-se que ceticismo diz respeito à dúvida, principalmente à dúvida sobre o que é verdadeiro. Abordado dessa maneira, o cético não está propondo que a verdade seja apenas a opinião subjetiva, assim como faz o relativista. Com efeito, o que impulsiona o ceticismo é, antes, a preocupação de que nossas crenças podem não ser *objetivamente* verdadeiras. Como notado anteriormente, no entanto, o ceticismo pode deslizar para o relativismo se se tornar muito extenso. Se estivermos inclinados a duvidar de tudo, então podemos estar tentados a pensar que não há uma verdade objetiva, e, assim, que tudo é somente questão de opinião subjetiva.

A preocupação geral com a nossa falibilidade impulsiona principalmente o ceticismo, e não o relativismo, porque nos dá uma razão para duvidar mesmo das coisas em que confiamos. Afinal, as pessoas já foram muito confiantes de temas do passado (como o Sol orbitar a Terra) que se revelaram equivocadas. Desse modo, parece que temos razões para duvidar de tudo que cremos. A conexão com o relativismo se dá somente indiretamente, por meio do ponto que já notamos sobre como o ceticismo, quando se torna suficientemente extenso, parece convidar ao relativismo.

Crucialmente, contudo, apesar de haver bons argumentos a favor do ceticismo – iremos considerar um influente argumento em breve –, o apelo à nossa falibilidade não é uma boa base para ser em geral cético sobre a verdade das nossas crenças. Sim, sempre é possível que você esteja equivocado. Mas essa dúvida não é uma boa razão para ser cético sobre tudo em que acredita (ou mesmo sobre a maior parte das coisas em que acredita). O que você precisa é, antes, uma razão específica para pensar que esteja equivocado.

Para perceber isso, considere alguns cenários cotidianos. Por exemplo, se certa árvore é um carvalho. Se sou a pessoa emitindo o juízo, então há algum fundamento para o ceticismo, já que não sou muito confiável quando se trata de identificar espécies de árvores. Mas compare esse caso com o de um arborista qualificado, com longa experiência trabalhando com árvores de diferentes espécies, fazendo exatamente o mesmo juízo. Claro, é ainda possível que ele esteja equivocado, mas de maneira diferente da do meu juízo, pouco confiável, de que a árvore é um carvalho, pois seria francamente incrível que alguém com esse nível de *expertise* errasse a identificação de algo tão comum como um carvalho. O ponto é que a simples falibilidade por si só não é uma boa base para a dúvida; é preciso alguma razão específica para se pensar que alguém possa estar errado.

Também podemos perceber esse ponto em ação quando observamos a prática científica. Cientistas abertamente reconhecem que seu empreendimento é falível; essa falibilidade está incorporada à estrutura da ciência. O fato de que mesmo as mais bem confirmadas teorias científicas podem, apesar disso, ser falsas é o que leva os cientistas a testar constantemente suas teorias. Resultados experimentais são repetidos por outros cientistas para checar se há anomalias, ensaios experimentais são conduzidos "a cego" para eliminar qualquer viés possível na interpretação dos resultados, predições são extraídas das teorias científicas para, só depois, os cientistas realizarem os testes, e assim por diante. A finalidade de tudo isso é expor a teorização científica a tantos testes quanto necessário para assegurar que é o mais acurada possível. Significativamente, no entanto, quando uma teoria foi testada desse modo, então, apesar de ainda ser possível que esteja errada, não há mais razão particular para se ser cético sobre ela. De novo, então, a mera falibilidade por si só não é uma boa base para a dúvida.

O que é conhecimento?

Até agora focamos em nossas crenças sobre a verdade. No entanto, não queremos somente crer na verdade, queremos *conhecê-la*. Se o cético é capaz de nos levar a duvidar do que cremos, então, por meio dessa dúvida, ele assegura que não temos conhecimento, uma vez que se nem mesmo cremos na verdade, então não podemos conhecê-la. Esta é a meta derradeira do cético: convencer de que não conhecemos muito, se é que conhecemos algo, daquilo que supomos conhecer e, assim, no processo, nos levar a duvidar de tudo que, até o momento, tomávamos como verdadeiro.

A razão pela qual conhecer envolve mais do que apenas crer é que se pode formar crenças de todos os tipos de modos inapropriados. Por exemplo, um palpite de sorte não é conhecimento. Ou, tomando um outro caso, imagine alguém completamente crédulo ao ponto de acreditar em tudo que lhe é dito, não importa quão ridículo. Digamos que a maioria do que lhe é dito é falsa, mas de vez em quando algo verdadeiro lhe é falado. Uma vez que crê em tudo, entre as muitas falsidades em que ele crê, ele também crê em algumas raras verdades. Mas claramente essas crenças verdadeiras não levam ao conhecimento. Não se pode obter conhecimento crendo no que quer que seja dito, mesmo que casualmente ocorra de se crer em algo verdadeiro. A credulidade não é uma rota para o conhecimento, mesmo se por acaso chegar a alguma verdade.

O conhecimento demanda mais do que crença verdadeira. Antes de nos perguntarmos o que mais é requerido para o conhecimento para além da crença verdadeira, façamos uma pausa para considerarmos o que significa para o conhecimento demandar *ao menos* uma crença verdadeira.

A primeira coisa a notar é que estamos falando sobre um tipo particular de conhecimento, o conhecimento *proposicional*. Como o termo sugere, é o conhecimento de uma proposição, onde uma proposição é uma declaração que descreve as coisas como sendo de certo modo – por exemplo, que Paris é a capital da França, e que o quadrado de 2 é 4. Quando cremos que algo é – como Paris é a capital da França –, aquilo em que estamos crendo é uma proposição. Assim, quando conhecemos o que cremos, aquilo que conhecemos é uma proposição verdadeira.

Nem todas as formas de conhecimento são proposicionais. Considere o conhecimento de uma habilidade, ou *know-how*. Eu sei andar de bicicleta, nadar, conectar um plugue, e muitas outras coisas além dessas. O conhecimento de habilidades é claramente muito diferente do conhecimento proposicional. Embora eu saiba andar de bicicleta, por exemplo, eu não sei te dizer exatamente o que estou fazendo quando estou andando de bicicleta. E muitos conhecimentos de habilidades são assim, se você pensar nisso. Saber fazer algo é frequentemente muito diferente de conhecer um punhado de proposições relacionadas àquela atividade. De todo modo, quando dizemos que há mais requisitos para o conhecimento do que apenas crença verdadeira, claramente estamos falando de um tipo de conhecimento que é proposicional, assim como a crença é proposicional.

Em seguida, considere a afirmação de que o conhecimento requer crença *verdadeira*. Não pode haver conhecimento falso, ou seja, conhecimento de proposições falsas? É certamente o caso de que alguém pode razoavelmente supor que conhece e, ainda assim, aquilo que acha que conhece ser falso. Essa era a situação em que muitos estavam há séculos, quando se pensava que o Sol orbitava a Terra. Mas pensar que você conhece, mesmo razoavelmente pensar que você conhece, não é o mesmo que de fato conhecer. Uma vez que não é o caso de o Sol orbitar a Terra, então nenhuma daquelas pessoas de séculos atrás que acreditavam nisso de fato conhecia aquilo em que acreditavam; elas apenas pensavam que conheciam.

Note que, embora o conhecimento demande verdade (ou seja, crença verdadeira), ele nem por isso demanda infalibilidade ou mesmo certeza. Por exemplo, muito do nosso conhecimento do mundo ao redor é obtido por meio de nossos sentidos, como a visão, a audição, o tato – isso é conhecido como *conhecimento perceptual*. Nossos sentidos são claramente falíveis e, às vezes, nos enganam. Ilusões ópticas podem nos levar a ver algo que não está onde achamos que está (por exemplo, um galho reto parece curvado quando colocado debaixo d'água). Semelhantemente, quando sob a influência de drogas, pode-se ter alucinações. No entanto, a falibilidade dos nossos sentidos não nos impede de termos conhecimento perceptual, ou seja, o conhecimento que é adquirido por meio dos sentidos. Embora não se possa saber perceptualmente se há um oásis na sua frente tendo alucinado, isso não significa que em condições ordinárias, quando as suas faculdades de percepção (falíveis) estiverem funcionando bem, elas não podem prover conhecimento. Como dissemos anteriormente, quando discutimos a falibilidade no contexto do relativismo, às vezes cometermos equívocos não é uma boa base para duvidar de tudo em que cremos. Pela mesma razão, também não é uma boa base para duvidarmos se conhecemos qualquer coisa. O nosso conhecimento ser falível não significa que não é conhecimento genuíno.

O mesmo vale para a certeza. Eu posso estar certo das coisas que sei, mas esse não é um requisito, e frequentemente não é o caso. Exatamente agora, por exemplo, eu creio que meu carro está estacionado em frente da minha casa. Foi lá que o estacionei mais cedo (claramente me lembro disso), e eu moro em uma região em que roubo de carros é incomum. Além disso, somente eu tenho a chave dele (e está em meu bolso). Assim, a probabilidade de que o carro não esteja estacionado em frente da minha casa é muito baixa. Se minha crença é verdadeira, e meu carro está neste momento estacionado em frente da minha casa, então penso que podemos conceder que isso é algo que sei. Mas estou completamente certo dessa afirmação? Bem, apesar de estar confiante, não acho que diria que estou completamente certo. Afinal, já faz algumas horas desde que vi meu carro pela última vez e, embora sejam improváveis, há vários cenários, não completamente impossíveis, nos quais algo aconteceu com ele nesse ínterim, inclusive ter sido roubado. Que uma crença não seja totalmente certa não implica que ela falhe em nos levar ao conhecimento.

Então, ao passo que o conhecimento requer verdade, ele não requer infalibilidade ou certeza. Isso significa que os céticos que buscam nos privar do conhecimento precisam fazer muito mais do que nos mostrar que nossas crenças são adquiridas de modos falíveis, ou que nós frequentemente não estamos completamente certos acerca daquilo em que cremos. Então, como promovem sua dúvida cética?

Notamos anteriormente que o conhecimento requer mais do que a simples crença. Esta é uma boa conjuntura para revisitar essa afirmação, porque é no espaço entre o conhecimento e a mera crença verdadeira que o ceticismo é capaz de se alavancar. Vimos que a crença verdadeira pode ser obtida de diversos modos aleatórios e inapropriados – por exemplo, por meio da credulidade. Em tais casos, ela não levaria ao conhecimento. O que é preciso para tornar uma crença verdadeira em conhecimento? Há várias propostas rivais para essa questão oferecidas por epistemólogos contemporâneos, mas a ideia geral é que o conhecimento, no mínimo, requer uma crença verdadeira que seja *fundamentada em boas razões*.

Especificamente, o conhecimento requer boas razões para pensar que a crença é verdadeira. O motivo para esse requisito é que pode haver boas razões para crer em uma proposição que não têm boas razões para pensar que aquilo em que você crê é verdadeiro. Imagine que alguém põe uma arma na sua cabeça e diz que te matará a não ser que acredite na existência de vida alienígena. Nesse cenário, você claramente tem uma boa razão para crer na existência de vida alienígena, uma vez que é o único modo de evitar ser baleado e morto. Mas alguém te balear se você não acreditar que há vida alienígena não é uma boa razão para acreditar que a vida alienígena existe. Essa é apenas uma *razão prudencial* para crer no que você crê – ou seja, crer em algo que seria conveniente crer, dado que deseja permanecer vivo.

Em contraste, se cientistas descobrissem que há vida alienígena e reportassem sua descoberta, então haveria uma boa razão para crer que é verdade que há vida alienígena. Os cientistas, afinal, sabem o que estão falando, terão feito as observações apropriadas, coletado e verificado evidência favorável a essa afirmação, e por aí afora. Razões para pensar que uma crença é verdadeira são conhecidas como *razões epistêmicas* (a área da filosofia que trata do estudo da verdade, conhecimento e coisas do tipo é chamada de *epistemologia*, e seus praticantes conhecidos como *epistemólogos*). Quando falamos sobre conhecimento sendo crença verdadeira baseada em boas razões, são razões epistêmicas que especificamente temos em mente, ou seja, razões para pensarmos que determinada crença é verdadeira.

São as boas razões desse tipo que estão faltando quando se trata de uma pessoa formando suas crenças por meio da adivinhação ou da mera credulidade. Se uma crença verdadeira deve-se apenas à adivinhação, então de modo algum há boas razões, epistêmicas ou não, para crer no que se crê. A pessoa crédula pode *pensar* que tem boas razões para as suas crenças: isso é algo que lhe foi dito, e ela acha que deve acreditar em tudo que lhe é dito, não importa quão fantástico seja. No entanto, é claro, suas razões para crer no que crê não são razões epistêmicas, uma vez que querer acreditar em qualquer coisa que lhe seja dito não é um bom modo de formar crenças verdadeiras.

Podemos esclarecer isso comparando esse modo de formar uma crença com alguém que não é de forma alguma crédulo, e que então forma sua crença por meio do testemunho de maneira epistemicamente apropriada – por exemplo, sendo cuidadoso quanto a quais testemunhos aceita, refletindo sobre a plausibilidade do que lhe contam, e assim em diante. Imagine alguém que crê que há vida alienígena porque ouviu o relato de cientistas que foi amplamente divulgado nos mais bem reputados veículos de comunicação. Essa pessoa, se perguntada por que acredita no que acredita, será capaz de oferecer todos os tipos de boas razões epistêmicas a favor de sua crença. Ela poderia dizer que o cientista que fez o relato é alguém que ela sabe ser confiável no que diz respeito ao assunto em questão (o que é verdade, uma vez que os cientistas sabem que suas reputações dependem de afirmar somente aquilo que a evidência científica comprova). Ela também poderia apontar que a história está circulando em veículos de comunicação reputados, veículos que são renomados por checarem suas fontes, e assim por diante.

Então, ao passo que a credulidade não é uma rota para o conhecimento, mesmo quando resulta em uma crença verdadeira, pode-se obter conhecimento de um testemunho de uma pessoa na medida em que se adquire uma crença verdadeira de modo cauteloso. Ou seja, é sendo cauteloso sobre como se forma a crença que se geram as boas razões epistêmicas que separam essa crença de uma crença sem fundamento, formada pela credulidade. Na medida em que a crença verdadeira é apropriadamente fundamentada em razões epistêmicas, ela pode levar ao conhecimento.

Agora podemos ver como é possível seguir promovendo a dúvida cética. A ideia é mostrar que não se tem boas razões epistêmicas para fundamentar crenças, e, assim, que falta conhecimento. Se isso for correto, então as crenças de uma pessoa, mesmo se verdadeiras, não são melhores do que as de alguém que forma suas crenças de modo completamente crédulo (ou, por exemplo, meramente por adivinhação).

Um ponto crucial a notar aqui é que, quando a dúvida cética é gerada desse modo, não afirma-se que as crenças da pessoa são falsas. Na verdade, apesar de tudo que o cético afirma, as crenças podem estar inteiramente corretas. O ponto é que essas crenças não possuem bons fundamentos epistêmicos e, por isso, não levam ao conhecimento. Esse ponto é importante, pois ilustra que o ceticismo de modo algum precisa estar direcionado à verdade de nossas crenças. Semelhantemente, voltando à discussão sobre relativismo, oferecer um relato relativista da verdade, tal que a verdade é relativa à opinião subjetiva da pessoa, não teria qualquer influência sobre o problema cético visto dessa perspectiva (mesmo se pudéssemos encontrar um modo de tornar o relativismo coerente). O cético radical está dizendo que nos falta conhecimento de uma verdade objetiva, o que é compatível com ter crenças objetivamente verdadeiras que não levam ao conhecimento, e também com ter crenças subjetivamente verdadeiras que não levam ao conhecimento. O relativismo seria, assim, totalmente irrelevante para a dúvida cética que, desse modo, mira especificamente no conhecimento de verdades objetivas.

Lembre-se também de alguns dos pontos anteriores. Em particular, lembre-se que notamos que a dúvida cética não seria muito interessante se fosse motivada pela afirmação de que precisamos ser infalíveis ou estar completamente certos, uma vez que o conhecimento não demanda nenhuma das duas coisas. O mesmo se aplica ao ceticismo que é focado em particular nas razões epistêmicas. Pode-se ter boas razões epistêmicas para crer que algo é verdadeiro, e assim ter conhecimento, mesmo que essas razões sejam falíveis e mesmo se essas razões não forem suficientes para tornar a pessoa completamente certa. No caso de alguém que, apropriadamente, forma sua crença de que a vida alienígena existe por ouvir o testemunho de cientistas, as razões epistêmicas dificilmente são infalíveis, e é bem possível que nosso agente não esteja de todo certo do que crê baseado nelas. Ainda assim, ele pode vir a ter conhecimento por formar sua crença verdadeira dessa maneira.

Lembre-se ainda que argumentar que há uma mera possibilidade de que uma pessoa esteja errada não é suficiente para promover a dúvida cética. Assim como o conhecimento pode ser adquirido de modo falível, também se pode ter um conhecimento genuíno mesmo quando houver uma possibilidade remota de erro. O que mina o conhecimento são, antes, possibilidades *sérias* de erro, em vez de *meras* possibilidades de erro. Formar crenças via credulidade envolve uma séria possibilidade de erro, uma vez que se alguém acredita em tudo que lhe é dito, não importa quão ridículo isso seja, então essa pessoa está fadada a acabar crendo em falsidades. Mas formar uma crença científica por ouvir o testemunho de cientistas especialistas, apesar de inevitavelmente falível, não envolve um risco sério de erro, e por isso pode ser uma rota para o conhecimento.

Dessa forma, consideraremos um tipo de dúvida cética direcionada aos fundamentos epistêmicos que temos para nossas crenças. Esse ceticismo afirma que não temos fundamentos adequados para as nossas crenças, e assim nos falta conhecimento. Essa afirmação é inteiramente compatível com nossas crenças serem verdadeiras, por isso o cético não é obrigado a argumentar que não são verdadeiras. Mas o cético precisa, sim, mostrar que seu ceticismo não pressupõe que o conhecimento seja infalível ou que esteja completamente certo do que se crê. Da mesma forma, ele precisa demonstrar que está apontando para uma possibilidade séria de erro, e não apenas mostrando que há uma possibilidade, ainda que remota, de estar errado. Como veremos, mesmo dadas essas restrições, há um modo de promover a dúvida cética que satisfaz todas essas condições.

Ceticismo e absurdo

Antes de tratar dessa forma de dúvida cética, fecharemos este capítulo considerando por que pode ser importante ter o conhecimento geral que consideramos ter. Poderíamos, coerentemente, aceitar com tranquilidade a argumentação cética radical de que não conhecemos muito? Penso que não. Esse é um tópico que exploraremos mais no Capítulo 4; por ora, farei somente algumas observações preliminares a esse respeito.

Imagine que o cético está certo e que você não sabe muitas coisas. Colocada assim, a afirmação parece abstrata, mas é relativamente simples trazer à baila as ramificações práticas sísmicas daquilo que o cético está argumentando. Pense nisto: você não sabe que seus pais são seus pais; você não sabe que seus amigos são seus amigos; você não sabe nada sobre seu passado, sobre aqueles momentos felizes dos quais parece se lembrar ou daquelas conquistas das quais tanto se orgulha; e assim por diante. O que você sabe é que nenhuma dessas pessoas existiu e nenhum desses eventos jamais ocorreu.

Como veremos no Capítulo 2, o cético radical não está só afirmando que a você falta conhecimento, mas, mais especificamente, que falta qualquer razão epistêmica para crer no que você crê. Então, não é que alguém possa responder ao cético radical mantendo que, embora falte conhecimento, se tem boas razões (epistêmicas) para se crer naquilo que se crê, uma vez que, se o cético estiver certo, não se tem nem mesmo as razões epistêmicas. Ou seja, não é só que você não sabe, digamos, que seus pais são seus pais, mas que você não tem nenhuma boa razão (epistêmica) para pensar que eles são seus pais – isto é, *nenhuma razão para pensar que é verdade* que as pessoas que você crê serem seus pais de fato são seus pais. O que ocorre em relação à crença sobre seus pais se aplicará a qualquer crença de algo com o qual você se importa.

Uma vez que entendemos o que o ceticismo significa na prática, será fácil ver por que conceder à conclusão cética é tão problemático. Afinal, viver uma vida baseada nesse princípio

Figura 4. O absurdo. Há muitos modos pelos quais nossa vida poderia ser sem sentido, um deles é que poderia ser completamente sem propósito, tal como a vida que Sísifo, uma figura da mitologia grega, foi condenado a levar, e que Ticiano (*c.* 1548) representou em uma de suas obras.

não tornaria a vida *absurda, sem significado?* Há muitos modos pelos quais a vida pode ser sem sentido. Por exemplo, considere a vida de Sísifo, que na mitologia grega foi condenado a levar uma pedra grande até o topo de uma colina só para vê-la rolar colina abaixo por toda a eternidade (Figura 4). A vida de

Sísifo é sem sentido porque é completamente sem propósito. Se o ceticismo fosse verdade, então esse poderia ser um jeito diferente de a vida ser sem significado, no qual em vez de ser despropositada, ela seria sem sentido. Como poderia a existência de uma pessoa fazer sentido se a ela falta conhecimento mesmo dos fatos mais básicos da vida? Especificamente, por que alguém se importaria com alguma coisa se não tem qualquer razão para crer que esta coisa é real?

Voltaremos a esse ponto mais adiante. Por ora, quero registrar o fato de que o ceticismo radical parece ter consequências devastadoras para o significado da nossa vida. Nesse sentido, é um problema *existencial*. Se isso for correto, então, mesmo que ponhamos de lado as consequências perniciosas do ceticismo radical que notamos anteriormente, ele permanece como uma dificuldade que precisa ser levada a sério por causa do modo como ameaça tornar nossa existência absurda.

Neste capítulo, trataremos de um influente argumento que propõe mostrar que não conhecemos muito daquilo que pensamos conhecer. Se esse argumento funcionar, então ele permite uma dúvida cética radical. Lembre-se que, no Capítulo 1, notamos a diferença entre uma dúvida cética localizada, que se ocupa somente de duvidar de certas afirmações específicas, e uma dúvida cética generalizada, ou *radical*, que lança dúvidas, *em massa*, sobre muito do que conhecemos. Como vimos, pode haver todo tipo de boas razões pelas quais devemos ser céticos sobre questões específicas, e por isso o ceticismo localizado pode ser perfeitamente saudável de um ponto de vista intelectual. É o tipo radical de dúvida cética que parece ser intelectualmente problemático. Notamos que, uma vez enraizada, a dúvida cética radical tende a gerar todo tipo de doenças na vida pública, na qual as pessoas passam a não mais se importar com o que é verdade e o que não é. Pior ainda, observamos que o ceticismo radical tem o potencial para tornar a vida da pessoa sem sentido.

Também vimos no Capítulo 1 que, no entanto, justificar uma dúvida cética radical não é simples. Por exemplo, não basta apelar para o fato de que algumas vezes estamos errados ou, mais em geral, para a simples percepção de que somos criaturas falíveis. Como esclarecemos, o conhecimento não requer infalibilidade; dessa forma, um conhecimento genuíno é totalmente compatível com o fato de que, às vezes, estamos errados. Semelhantemente, não é suficiente notar que com frequência não estamos totalmente certos das coisas que cremos, uma vez que o conhecimento tampouco requer a certeza absoluta.

Se a dúvida cética radical não pode ser justificada desses modos, então como poderíamos justificá-la? É aí que surge o argumento que vamos considerar. O ponto desse tipo de argumento cético é mostrar que não temos qualquer boa razão para pensar que nossas crenças são verdadeiras.

Lembre-se que chamamos essas razões de *epistêmicas* e que as contrastamos com razões meramente *prudenciais*. Temos uma razão prudencial para crer em algo quando for *útil* crer nesse algo, a despeito de ser ou não verdadeiro. Razões epistêmicas, por outro lado, são razões específicas para se pensar que uma crença é verdadeira. Precisamos de razões epistêmicas para fundamentar nossas crenças verdadeiras se queremos conhecer aquilo que cremos. Desse modo, o argumento cético radical que examinaremos afirma que faltam razões epistêmicas para fundamentar nossas crenças.

Lembre-se também que um argumento cético que é focado em razões epistêmicas para as nossas crenças não se importa se as nossas crenças são verdadeiras. Ou seja, o ceticismo desse tipo não está afirmando que nossas crenças são, em geral, falsas, mas que elas geralmente não levam ao conhecimento (porque não são fundamentadas em boas razões epistêmicas). Mas nossas crenças podem ser verdadeiras com frequência e, ainda assim, falhar em nos levar ao conhecimento; assim como uma pessoa que é completamente crédula, que por isso não conhece muitas coisas, pode ter muitas crenças verdadeiras. São questões distintas se nossas crenças são verdadeiras e se, sendo verdadeiras, levam ao conhecimento.

Ceticismo cartesiano

Com tudo isso em mente, comecemos a construir nosso argumento a favor da dúvida cética radical. Este é um argumento cético radical contemporâneo enraizado na obra de René Descartes (1596-1650), especialmente em suas *Meditações sobre filosofia primeira*, e é, via de regra, descrito como *cartesiano*, embora difira do argumento cético particular que Descartes apresentou em alguns aspectos cruciais. Ele também é frequentemente chamado de *ceticismo sobre o mundo exterior*, por razões que se tornarão aparentes.

Note que Descartes não era ele próprio um cético radical, e certamente não estava tentando convencer alguém a abraçar as conclusões céticas radicais. Seu interesse pelo ceticismo radical era *metodológico*. Ele queria encontrar fundamentos seguros para o conhecimento ao empregar um "método da dúvida", ou seja, queria duvidar de tantas de suas crenças quanto possível. O objetivo do seu uso do ceticismo radical é assim aplicar uma espécie de "teste de estresse" ao sistema de crenças. Descartes pensava que, dessa maneira, poderia encontrar pontos fixos indubitáveis, e portanto *certos*, sobre os quais nosso conhecimento pudesse ser fundamentado. Ou seja, se pudermos rastrear nosso conhecimento de volta a essas fundações epistemicamente seguras, então poderíamos estar seguros que ele está imune aos desafios céticos. Esse projeto epistemológico é conhecido como *fundacionalismo* e, como tal, deveria estar claro que é decididamente um projeto *anticético*, embora empregue argumentos céticos em seu caminho.

Você talvez esteja familiarizado com o ponto fixo que Descartes afirmou ter descoberto usando sua metodologia cética, uma vez que é daí que vem sua famosa proposição *cogito, ergo sum* (conhecida como o *cogito*). A afirmação é usualmente traduzida como "penso, logo existo", embora não sem alguma controvérsia. Em suma, a ideia de Descartes era que, enquanto se pode duvidar da maior parte do que se crê – abordaremos, mais adiante, por que ele afirmou isso –, não se pode duvidar da própria existência. Afinal, ao duvidar disso, se está pensando, e isso significa que, antes de mais nada, se deve existir para pensar. Assim, existir é considerado um indubitável, e epistemicamente seguro, fundamento para o conhecimento. Mais especificamente, o que Descartes buscava enquanto um fundamento para o conhecimento era a certeza, e a indubitabilidade do *cogito* serve para mostrar que ele é algo de cuja verdade podemos estar certos.

Interessantemente, enquanto o tipo de fundacionalismo de Descartes não se demonstrou popular, o ceticismo radical que ele lançou para promover seu estilo de fundacionalismo continua a capturar a imaginação filosófica. Isso se deve, em parte, porque há algumas dificuldades bastante sérias presentes na teoria do fundacionalismo que Descartes desenvolveu, sobretudo em termos do quanto ele apela para a existência de Deus (e também para a natureza epistemicamente benevolente de Deus). Outra razão para o duradouro apelo da formulação cartesiana do ceticismo radical diz respeito ao emprego de uma importante inovação teórica, conhecida atualmente como *hipótese cética radical*.

Uma hipótese cética radical é uma possibilidade de erro que tem duas características-chave. A primeira é que ela é um cenário completamente indistinguível da vida cotidiana. A segunda é que ela é um cenário no qual a maioria daquilo em que acreditamos é falso. Essas duas características tornam a hipótese cética radical muito diferente dos tipos de possibilidade de erro que usualmente se encontra. Considere a possibilidade mundana de erro, vista no Capítulo 1, de que o carro que se acredita estar estacionado em frente da casa de uma pessoa foi de fato roubado. Não há nada indistinguível acerca desse cenário, na medida em que a pessoa só precisa sair de sua casa e verificar se isso é verdade. Ademais, embora se questione uma das crenças da pessoa — especificamente a crença sobre a atual localidade do carro —, de modo algum está se questionando todas as suas crenças. As hipóteses céticas radicais são, assim, muito diferentes das possibilidades cotidianas de erro.

Descartes apresenta duas hipóteses céticas radicais muito vívidas nas suas *Meditações*. A primeira é a possibilidade de

que uma pessoa esteja experienciando um sonho particularmente realista. Sonhos podem ser muito críveis, ao ponto de
uma pessoa estar convencida de estar acordada. Assim parece
ao menos possível que o que se está experienciando neste exato
momento seja apenas um sonho – ou seja, que esse seja um
daqueles sonhos hiper-realistas que parecem tão reais que não
se sabe se está sonhando. Se alguém estivesse em tal sonho,
então ele seria completamente indistinguível da vida normal
desperta. Por exemplo, seria inútil beliscar-se para assegurar que está acordado uma vez que a pessoa estaria no sonho,
então o beliscar-se simplesmente faria parte do próprio estado
de sonho.

Se a pessoa estiver nas garras desse sonho, então, embora
pareça estar experienciando o mundo ao redor (o "mundo
exterior") de modo usual, na verdade as experiências sensórias dessa pessoa não estariam de modo algum ancoradas
no mundo exterior. Em vez disso, elas seriam o produto da
sua imaginação. Dado que as experiências sensórias aparentes dessa pessoa no sonho são o resultado da sua imaginação,
e não do mundo exterior, pode-se compreender que ela pro-
duziria diversas crenças falsas sobre o mundo externo. Poderia ser, por exemplo, o caso de que nada do que você assume
ter experienciado no passado tenha realmente ocorrido, e
que você somente crê que ocorreu por causa do que expe-
rienciou no sonho. Nesse caso, todas as nossas crenças sobre
esses eventos poderiam ser falsas. O filósofo chinês Zhuang
Zhou (*c.* 369 a.C.-286 a.C.), muitos anos antes de Descartes,

levantou esta dúvida: como se sabe que se é um ser humano sonhando que é uma borboleta, em vez de uma borboleta que está sonhando que é um ser humano?

Aqui temos uma possibilidade de erro que é indistinguível da vida cotidiana, mas na qual a maioria das crenças da pessoa é falsa (uma vez que as crenças de uma pessoa do mundo exterior abrangem um grande componente de suas crenças como um todo). Nós, assim, temos uma *hipótese cética radical*. Note também o que a hipótese cética radical coloca em questão: qual é a verdade das crenças sobre o mundo exterior. É por isso que o ceticismo cartesiano é às vezes chamado de ceticismo sobre o mundo exterior.

Como acabamos de ver, estamos todos familiarizados com sonhos e como eles podem nos enganar. Para Descartes, contudo, a hipótese cética radical do sonho serve somente para nos preparar para uma possibilidade de erro ainda mais extrema e sobrenatural. É a possibilidade de haver um gênio maligno que tem o poder e a inclinação para sistematicamente nos enganar, embora de modo completamente desconhecido por nós. Sabemos que nossos sentidos são falíveis, então por que não poderia haver uma criatura que fosse capaz de garantir que nossa experiência sensorial seja sempre enganadora, mas sem que isso nunca fosse detectável, mesmo a princípio? Talvez, por exemplo, o gênio maligno possa gerar a experiência sensória de caminharmos em uma floresta quando, na realidade, estamos flutuando na água; ou possa nos fazer crer que estamos no topo de uma montanha quando, de fato, estamos no fundo de uma caverna escura. Ainda que inconcebível, o ponto é que esse cenário não parece de todo impossível. Porém, com esse grau de engano em jogo, não haveria nenhum modo pelo qual poderíamos distinguir essas experiências enganosas do que é genuíno. Além disso, a maioria das nossas crenças formadas a partir de experiências enganosas tenderiam a ser falsas – por exemplo, uma pessoa poderia crer que está no topo da montanha quando está, na verdade, dentro de uma caverna.

Até aqui, a possibilidade de erro do gênio maligno é muito semelhante com o cenário do sonho, na medida em que ambos colocam em questão a veracidade geral das nossas experiências sensoriais e, dessa forma, nos incitam a duvidar da verdade das nossas crenças do mundo exterior. Contudo, os dois cenários céticos divergem em termos do escopo das crenças que questionam. Com a hipótese cética do gênio maligno, parece ser possível não somente tornar as experiências sensórias não confiáveis, mas também (quase) todo o processo de formação de crenças que se possa imaginar.

Por exemplo, pode-se naturalmente supor que a confiança em simples verdades aritméticas, como $4 + 4 = 8$, é imune à hipótese cética do sonho. Afinal, também não se poderia efetuar somas em sonhos e, assim, terminar com uma crença matemática verdadeira mesmo que todas as crenças sensórias fossem falsas? Crucialmente, no entanto, o gênio maligno poderia interferir no seu processo mental assim como interfere em suas experiências sensórias. Desse modo, ele poderia fazer você achar que está processando cálculos aritméticos elementares com conclusões obviamente verdadeiras quando, na verdade, você está fundamentalmente errado. Sob a influência de tal gênio maligno, não se poderia formar a crença de que $4 + 4 = 2$ com tanta convicção quanto se formaria a crença de que $4 + 4 = 8$ em circunstâncias normais? Se sim, então quase todas as crenças poderiam ser indetectavelmente falsas, o que significa não somente crenças sobre o mundo exterior formadas a partir de experiências sensórias aparentes, mas também crenças formadas de modos não sensórios, mesmo aquelas que são resultado de processos racionais aparentemente impecáveis, como a aritmética básica.

A possibilidade de erro do gênio maligno é uma hipótese cética ainda mais radical do que a hipótese do sonho, na medida em que não somente questiona a verdade das crenças em um mundo exterior, mas também a verdade das crenças que não são desse mundo exterior. A única crença cuja verdade não é questionada pela hipótese cética radical do gênio maligno parece ser a do *cogito*, que mostra quão extenso é o escopo da possibilidade cética de erro.

Você é um cérebro em uma cuba?

O público de Descartes no século XVII claramente não teve problemas em levar a sério a ideia do gênio maligno. Na nossa época mais secular e científica, no entanto, imagino que muitos achariam esse dispositivo fantástico demais. Mas isso não importa porque podemos, com facilidade, sugerir possibilidades de erro que têm exatamente as mesmas propriedades indutoras de ceticismo sem precisarmos recorrer a tais entidades sobrenaturais. Como veremos, só precisamos ir ao cinema.

Por exemplo, há uma variação contemporânea da hipótese radical cética do gênio maligno, com a qual você possivelmente está familiarizado (de um modo ou de outro), que vem de filmes de Hollywood, como *Matrix*. Imaginemos que há cientistas do mal que "cultivam" cérebros e os mantêm vivos em cubas de nutrientes onde eles são "alimentados" de experiências por supercomputadores. Crucialmente, as experiências que são dadas a esses "cérebros em uma cuba", ou *brains in a vat* (BIVs), são indistinguíveis das experiências cotidianas (Figura 5). Além disso, os BIVs não têm memórias de terem sido abduzidos e encubados, ou seja, os BIVs são inconscientes de que estão vivendo totalmente imersos em um ambiente virtual falso criado pelos supercomputadores. Por exemplo, os BIVs têm experiências como se estivessem caminhando no seu ambiente normal, interagindo com amigos e colegas, dirigindo seu carro a lojas, e por aí afora. No entanto, nada está de fato acontecendo, uma vez que todas essas experiências são fabricadas por máquinas conectadas à cuba. Sendo assim, a maioria do que os BIVs creem é falso e, por isso, eles não sabem muita coisa, se é que sabem algo. Estão sendo sistematicamente enganados, mas não por um ser sobrenatural, como Descartes vislumbrou, e sim, por cientistas do mal responsáveis pela tecnologia na qual estão integrados.

Figura 5. O cérebro numa cuba. Pensamos que somos pessoas com corpo interagindo em um mundo social compartilhado, mas poderíamos, em vez disso, ser nada mais que cérebros sem corpos flutuando em uma cuba de nutrientes, tendo nossas experiências "alimentadas" por supercomputadores?

Note quão similar a hipótese cética do BIV é do cenário do gênio maligno de Descartes. Uma vez que os supercomputadores estão gerando experiências sensoriais falsas, eles bloqueiam nosso acesso sensório ao mundo exterior. Mas não são só as nossas experiências sensórias que eles estão fabricando, uma vez que podem fabricar *qualquer* experiência de acordo com a vontade deles. Semelhantemente, assim como o gênio maligno, eles podem me fazer crer que acabo de elaborar uma cadeia de raciocínios impecável, como um cálculo elementar de aritmética, mesmo quando não fiz nada do tipo. Temos assim um cenário cético não só adequado ao ceticismo sobre o mundo exterior distintivamente cartesiano, mas que também é capaz de questionar a verdade até mesmo de crenças que não dizem respeito ao mundo exterior.

Todo esse papo de BIVs é pura ficção científica, claro. Mas note que ninguém está dizendo que esse cenário é verdadeiro, ou mesmo provável (assim como Descartes não estava afirmando que realmente há um gênio maligno que engana). Neste instante, o cético está apenas apontando que essa hipótese é *possível*, ou seja, é algo que *poderia* acontecer, não importa quão improvável seja. E isso é certamente verdade. Afinal, descrito como foi, o cenário não representa nada impossível de ocorrer, então precisamos conceder que ele é totalmente possível.

Além disso, mesmo que houvesse algo nesse cenário que pudesse nos fazer pensar que ele é impossível, poderíamos propor um cenário cético radical diferente. Uma vez que o cenário do BIV pode ser encontrado em filmes, vamos analisar outra hipótese cética radical presente em outro filme de Hollywood. Dessa vez, considere o cenário do filme *A origem* (Figura 6). Ele representa estados de sonho coerentes nos quais as pessoas podem habitar onde tudo parece normal, quando, na verdade, nada do que aparentemente se experiencia está acontecendo de fato. Como vimos a respeito da hipótese cética do sonho de Descartes, parece ser ao menos possível que todas as nossas

Figura 6. Ceticismo no cinema. Muitos filmes – por exemplo, *A origem*, representada por esta cena – fazem uso de hipóteses céticas radicais como um recurso dramático.

experiências possam ser produto de um estado de sonho. Se assim fosse, no entanto, então a maior parte do que você crê seria falso. Você não está de fato sentado em uma cafeteria bebendo café com seus amigos agora, você não visitou seus pais ontem e tampouco estará dirigindo para o litoral para passar o dia com seus filhos amanhã. Tudo é parte de um estado de sonho no qual você está habitando.

Ou, já que estamos aproveitando a deixa de filmes, o que se pode falar em relação ao cenário cético radical de *O show de Truman*? Ele diz respeito a alguém que pensa estar levando uma vida normal, mas que é de fato o personagem principal em um programa de TV. Todos ao redor dele são atores, e o ambiente no qual ele interage com os outros não é nada além de um cenário televisivo. Da mesma forma que os demais filmes mencionados, as experiências do herói nesse cenário são indistinguíveis de experiências que se poderia ter na vida cotidiana, onde se está genuinamente vivendo uma vida normal em vez de ser tudo encenado em um estúdio de TV. Além disso, boa parte daquilo que ele crê é falso. Ele não vive em uma cidade, seus amigos não são seus amigos, mas atores fingindo ser seus amigos, as lojas a que ele vai não são lojas reais, mas cenários montados, e assim por diante. Uma vez que muito do que ele crê é falso, disso também se segue que ele tampouco conhece muito do que pensa conhecer.

(Note que esse cenário cético é um pouco diferente da hipótese do sonho descrita em *A origem*, no qual as experiências da pessoa não estão alicerçadas no mundo exterior. Ao contrário, embora o protagonista de *O show de Truman* esteja mesmo interagindo com o mundo exterior, ele fundamentalmente não compreende a natureza dessa interação. Em ambos os casos, o resultado é o mesmo na medida em que o sujeito enganado sabe muito menos sobre o mundo exterior do que ele imagina.)

O ponto é que, uma vez que entendemos como as hipóteses céticas são configuradas, então é bastante simples criar novas. Há assim muito pouco a ganhar contestando a afirmação cética de que esses cenários são ao menos possíveis. De todo modo, à primeira vista, conceder isso não é grande coisa. Afinal, embora esteja claro que o BIV, assim como outras vítimas das hipóteses céticas radicais, tem muitas crenças falsas e, portanto, não pode conhecer muita coisa, por que isso teria qualquer relevância para nós? Lembre-se que o cético não afirmou que somos BIVs (ou vítimas de qualquer outra hipótese radical). Na verdade, nem mesmo afirmou que tais cenários são prováveis, e diante de tudo o que foi dito até agora, podemos tratá-los como possibilidades de erro completamente improváveis (que é o que parecem ser). Dessa forma, por que o fato de que o BIV não conhece muita coisa teria qualquer consequência sobre aquilo que conhecemos?

O cético agora faz um importante movimento: *é impossível descartar* uma hipótese cética radical. Ou seja, parece que não tem como saber que não se é vítima de uma hipótese cética radical. Não temos como saber, por exemplo, que não somos um BIV. Afinal, como poderíamos saber que não somos um BIV dado que as experiências tidas pelo BIV são indistinguíveis de nossas experiências cotidianas? Por exemplo, seria claramente inútil notar que você pode ver e sentir seu corpo para concluir que você não pode ser um BIV sem corpo, uma vez que, é evidente, o BIV tem as mesmas experiências que você, como se ele tivesse um corpo (não obstante sejam experiências errôneas no caso dele). Do mesmo modo, seria inútil pegar objetos – pegar um copo sobre a mesa, por exemplo – e concluir que não é um BIV, uma vez que BIVs não interagem fisicamente com o ambiente. Isso porque, assim como antes, BIVs têm experiências assim como você, como se estivessem interagindo com os objetos do ambiente, embora não estejam fazendo nada disso.

Seria da mesma forma inútil responder ao cenário cético do BIV argumentando que possuímos fundamentos científicos para acreditar que não há BIVs. Mais especificamente, poderíamos estar tentados a argumentar que, uma vez que o estado atual da tecnologia não é tão avançado para haver BIVs, então temos uma base racional para descartar esse cenário cético. Uma reflexão breve revela que considerações como essa não têm qualquer relevância para o problema em questão. Afinal, a contraparte encubada da pessoa poderia estar sendo "alimentada" de informações semelhantes acerca do estado atual do desenvolvimento tecnológico e assim extrairia exatamente a mesma conclusão, embora, nesse caso, a conclusão fosse falsa. De acordo com isso, a crença de que a ciência atual não poderia sustentar BIVs é irrelevante quando se trata de avaliar esse cenário cético.

O resultado é que, uma vez que hipóteses céticas radicais, como o cenário BIV, são indistinguíveis da experiência cotidiana, segue-se que não podemos descartá-las. E, por sua vez, significa que somos incapazes de saber que não somos vítimas de tais cenários. Colocado de outro modo, pelo que sabemos, podemos ser BIVs (ou estarmos presos a um sonho hiper-realista, ou sendo enganados por um gênio maligno, e assim por diante).

O cético fez agora dois movimentos. O primeiro foi descrever o que é uma hipótese cética radical e argumentar que ela descreve cenários possíveis. O segundo foi argumentar que não podemos descartá-las e, portanto, não temos como saber que elas são falsas.

Teria o cético feito o suficiente para promover sua conclusão cética de que não conhecemos grande parte do que julgamos conhecer (como o que diz respeito ao mundo exterior)? Se alguém sustentar que o conhecimento demanda infalibilidade ou certeza absoluta, então essa seria uma conclusão plausível a ser eliminada. Afinal, o cético nos alertou para diversas possibilidades de erro que não podemos descartar, possibilidades de erro que questionam a verdade de muito em que cremos. Claramente, não podemos de modo crível considerar nosso conhecimento cotidiano como infalível, uma vez que acabamos de descrever um cenário cético em que cremos exatamente no que cremos agora, mas falsamente (por exemplo, se alguém de fato fosse um BIV). Além disso, uma vez que sabemos que não podemos descartar essas possibilidades céticas radicais de erro, então como podemos ter certeza de que aquilo em que comumente cremos é verdade? De modo correlato, se alguém estiver comprometido com o empreendimento epistemológico de buscar um fundamento indubitável e absolutamente certo para o conhecimento, como estava Descartes, então não irá sustentar que as crenças cotidianas podem desempenhar esse papel.

No entanto, como vimos no Capítulo 1, não parece crível que a régua do conhecimento deva ser colocada tão alto ao ponto de demandar infalibilidade ou certeza absoluta (ou indubitabilidade). Pelo contrário, nossa concepção cotidiana de conhecimento parece nos deixar perfeitamente felizes com a ideia de que o conhecimento pode ser falível e não absolutamente certo (e assim dubitável, em algum grau) e, apesar disso, ser um conhecimento genuíno. O que importa é que temos boas razões epistêmicas para crer no que cremos, e podemos ter essas razões mesmo na ausência de infalibilidade e certeza. Se isso está correto, então insistir que falta conhecimento seria algo semelhante a ilicitamente mudar de assunto. O cético poderia argumentar que nos falta conhecimento em relação a algo específico, e altamente exigente, de "conhecimento", que é radicalmente distinto do modo como de fato usamos a noção de conhecimento no discurso cotidiano. Mas por que deveríamos nos importar? Usando uma analogia de um filósofo contemporâneo, isso seria como se deparar com alguém que afirmasse que não há médicos na cidade de Nova York baseando-se no fato de que por "médico" ele se refere a alguém capaz de curar qualquer doença em vinte e quatro horas. Ninguém ficaria impressionado com um ceticismo sobre "médicos" posto desse modo. Por que o ceticismo sobre o conhecimento deveria ser diferente?

O cerne da questão é que o mero fato de haver essas hipóteses céticas radicais envolvendo erros enormes que não podemos descartar não demonstra por si só que haja algo epistemicamente impróprio no nosso conhecimento cotidiano. No máximo, ele nos lembra que esse conhecimento é falível e que, portanto, não deveríamos estar absolutamente certos daquilo em que cremos. Mas já sabíamos disso. Como notamos, a simples possibilidade de erro não basta para minar o conhecimento, uma vez que essa possibilidade é remota. E apesar de todos os céticos radicais terem dito o contrário, essas hipóteses céticas radicais descrevem possibilidades remotas de erro. Lembre-se que o cético não afirmou que as hipóteses céticas radicais que ele propõe são prováveis, ou mesmo que são verdadeiras. Então o que nos impede de tratá-las como as possibilidades de erro improváveis que elas parecem ser? Se isso estiver certo, então não parece haver nada descabido em supor que conhecemos a maior parte do que pensamos conhecer. Apenas acontece de haver algumas possibilidades de erro – aquelas selecionadas por hipóteses céticas radicais – que não podemos saber que são falsas.

Infelizmente, como veremos a seguir, o cético radical está só aquecendo. Há um modo de complementar as hipóteses céticas radicais com outro princípio, muito crível, para realizar as finalidades céticas. Especificamente, um princípio que permite ao cético radical promover sua conclusão cética sem apelar à ideia de que o conhecimento demanda infalibilidade ou certeza absoluta.

Ceticismo e fechamento

A situação é a seguinte: o cético radical argumentou que não podemos saber que não somos vítimas das hipóteses céticas radicais, como o cenário BIV. Isso parece, aparentemente, ser inteiramente compatível com a ideia de que sabemos grande parte do que julgamos saber – eu sei onde moro, o que comi no café da manhã, que camiseta estou usando e assim por diante (a propósito, todas essas são coisas que o BIV não sabe). Mas então como o cético radical pode usar a constatação de que não somos capazes de descartar as hipóteses céticas radicais para promover sua dúvida cética?

É aí que o cético radical introduz um princípio que, à primeira vista, pode parecer totalmente inócuo, mas que, como veremos, aumenta sua força. Considere o seguinte raciocínio: suponha que você sabe que o nome da capital da França começa com a letra "P". Então você também não está na posição de saber que Madri não é a capital da França (já que "Madri" não começa com a letra "P")? Ou tome outro exemplo: suponha que sabe que o país mais populoso do planeta é a China. Então você não está também na posição de saber que a Índia não é o país mais populoso do planeta, dado que só pode haver um único país que seja o país mais populoso?[1]

O raciocínio parece inofensivo, e realmente é porque as inferências em jogo são óbvias, considerando o que você sabe. O que elas ilustram é que se você conhece uma proposição – que a capital da França começa com a letra "P" ou que a China é o país mais populoso do planeta – e sabe que essa proposição implica uma segunda proposição – que Madri não é a capital da França ou que a Índia não é o país mais populoso do planeta –, então você conhece também a segunda proposição. O que poderia ser mais inócuo que isso?

O princípio em questão aqui é a ideia de que o conhecimento é preservado, ou "fechado", em uma implicação conhecida. Por isso ele é frequentemente chamado de *princípio de fechamento*. É difícil ver como esse princípio poderia falhar.

---

1 Segundo a última projeção da ONU, em 2023, a Índia ultrapassaria a China antes do fim daquele ano. (N. E.)

Como é possível conhecer uma proposição, saber que ela implica uma segunda proposição e, ainda assim, falhar em conhecer essa segunda proposição? Afinal, o que precisamente significa uma proposição implicar a outra é que, se a proposição implicadora é verdadeira, então a proposição implicada deve ser também verdadeira. Assim, se é verdadeiro que a China é o país mais populoso do planeta, então também deve ser verdadeiro que a Índia não é o país mais populoso do planeta. Se você sabe que algo é verdadeiro, e sabe que se isso é verdadeiro então outra coisa deve ser verdadeira, então como poderia falhar em saber que essa segunda afirmação é igualmente verdadeira? Por exemplo, como alguém poderia saber que a China é o país mais populoso do planeta e saber que se a China é o país mais populoso do planeta então a Índia não é o país mais populoso do planeta, e ainda assim falhar em saber que a Índia não é o país mais populoso do planeta?

(Imagine alguém que afirme saber que tanto a China é o país mais populoso do planeta quanto que isso implica que a Índia não é o país mais populoso do planeta, e que, no entanto, também afirme que não sabe que a Índia não é o país mais populoso do planeta. Isso faz algum sentido? Não pensaríamos que essa pessoa está, de certa forma, confusa, como se ela não entendesse realmente o que está afirmando?)

O princípio do fechamento parece bastante persuasivo. O problema, contudo, é que o cético radical pode empregar esse princípio, aparentemente inofensivo, para promover sua dúvida cética radical. Perceba que cada afirmação cotidiana que você considera saber será inconsistente com relação a alguma hipótese cética radical. Por exemplo, eu considero saber que estou usando uma camisa – posso ver que estou usando, posso senti-la sobre a minha pele, eu me lembro de tê-la vestido de manhã, outras pessoas podem me dizer que estou usando uma camisa, e assim por diante. Há diversas evidências de que estou usando uma camisa. Mas se é verdade que estou usando uma camisa, então é também verdade que não sou um BIV. Afinal, BIVs não têm corpos, e então eles não podem usar camisa. Ou seja, não podem ambas as afirmações serem verdadeiras: estou usando uma camisa e sou um BIV. Dito de outro modo, o fato de estar usando uma camisa implica que não sou um BIV.

As dificuldades começam quando começamos a ligar essa implicação a uma inferência de estilo fechado. Suponha que eu saiba que estou usando uma camisa. Acabamos de ver que também sei que usar uma camisa implica que não sou um BIV. Mas também concordamos com o cético que não posso descartar a hipótese cética do BIV e que, portanto, eu não sei que não sou um BIV. Dessa maneira, parece que sei que estou usando uma camisa, sei que se estou usando uma camisa então não sou um BIV, mas não sei que não sou um BIV. Isso soa totalmente errado. Como posso saber que estou usando uma camisa, mas não se sou um BIV sem camisa? Dada a plausibilidade do princípio de fechamento, parece que se eu soubesse que estou usando uma camisa, então eu deveria ser capaz de saber que não sou um BIV. Ao contrário, se é realmente impossível saber que não sou um BIV, então deveria também ser impossível saber que estou usando uma camisa. Com o princípio do fechamento em jogo, o cético radical pode usar nossa inabilidade de descartar hipóteses céticas radicais para minar nosso conhecimento cotidiano, como o conhecimento aparentemente inequívoco de que se está usando uma camisa.

Note que a mesma situação de saber se está usando uma camisa também se aplica ao conhecimento de diversas afirmações cotidianas. Por exemplo, saber que está dirigindo um carro ou que está tocando violino são inconsistentes com ser um BIV, e, por isso, isso levaria exatamente ao mesmo raciocínio para mostrar que esse "conhecimento" é ilusório. Além disso, como vimos anteriormente, a hipótese cética radical do BIV é apenas um cenário cético, bem como podemos com facilidade inventar outras hipóteses céticas radicais. Não há nada que impeça o cético radical de usar o princípio de fechamento para promover a dúvida cética a respeito de muitas afirmações cotidianas que pensamos saber.

Você deve estar começando a ver um quebra-cabeça. Antes de considerar o princípio de fechamento, parecia que se podia conceder que se é incapaz de conhecer as rejeições às hipóteses céticas radicais sem que isso tivesse qualquer implicação para o ceticismo. Isso porque o conhecimento das afirmações cotidianas parecia não ser afetado pela inabilidade de descartar cenários fantásticos. Mas uma vez que nos damos conta de que nossas crenças cotidianas estão em conflito com as hipóteses céticas radicais, tal que a verdade destas implica a falsidade das primeiras, então essa situação deixa de ser estável. Se realmente conhecemos as afirmações cotidianas que supomos conhecer (por exemplo, alguém está usando uma camisa), então, incrivelmente, parece que, no fim das contas, devemos ser capazes de conhecer as rejeições às hipóteses céticas radicais (por exemplo, essa pessoa não é um BIV). Por outro lado, na medida em que o cético está certo de que somos incapazes de conhecer as rejeições às hipóteses céticas radicais, então parece que também somos incapazes de conhecer as afirmações cotidianas. Ou seja, se realmente não sei que não sou um BIV, então não posso saber que estou usando uma camisa, nem qualquer outra afirmação cotidiana que seja inconsistente com uma hipótese cética radical. Com o princípio de fechamento em jogo, portanto, o cético parece ser capaz de promover uma dúvida cética radical.

Uma vez que refletimos sobre o assunto, essa conclusão cética não deveria ser tão surpreendente. Notamos que o conhecimento é a crença verdadeira fundamentada em boas razões epistêmicas. Meu suposto conhecimento de que estou usando uma camisa é, assim pensava, baseado em boas razões epistêmicas, tais como o fato de eu poder ver a camisa, poder lembrar de vesti-la, de senti-la em meu torso, por exemplo. Mas se eu sou um BIV, eu teria todas as mesmas razões epistêmicas e, mesmo assim, minha crença de que estou usando uma camisa seria falsa. Essa é precisamente a razão pela qual não posso saber que não sou um BIV, na medida em que não tenho boas razões epistêmicas para pensar que este é o caso (levando em conta que as experiências do BIV são indistinguíveis das experiências normais). Então, como posso ter boas razões epistêmicas para crer que estou usando uma camisa e, mesmo assim, não ter boas razões epistêmicas para crer que não sou um BIV (sem camisa)? O ponto cético está claro: uma vez que você não tem boas razões epistêmicas para crer que não é um BIV (sem camisa), tampouco tem quaisquer boas razões epistêmicas para crer que está usando uma camisa. O que você tem são meras razões epistêmicas *aparentemente* boas para crer em afirmações cotidianas – como a de que está usando uma camisa –, mas, uma vez que elas não são razões que distinguem entre o cenário cotidiano (usar uma camisa) e o cenário cético incompatível (ser um BIV sem camisa), elas não podem ser razões epistêmicas *genuinamente* boas. Em suma, enquanto você pode pensar que tem boas razões epistêmicas para crer em muitas das coisas em que crê, na verdade não tem nenhuma boa razão para crer nessas coisas. É por isso que você não conhece muitas das afirmações cotidianas que julga conhecer.

Isso destaca um importante ponto sobre o ceticismo radical. A afirmação cética não é apenas que não sabemos muitas das coisas que pensamos saber. Antes, é a forte tese de que não há qualquer boa razão epistêmica para crer em muitas das coisas que julgamos saber. A primeira afirmação é compatível com a existência de *algumas* boas razões epistêmicas para crer, mas elas são insuficientes para o conhecimento. A controvérsia cética radical em jogo é muito mais dramática: ninguém tem qualquer boa razão epistêmica para crer mesmo nas aparentemente mundanas afirmações cotidianas, como a de que se está usando uma camisa. De acordo com isso, se suas crenças cotidianas são verdadeiras, então, de um ponto de vista epistêmico, isso é questão de sorte, assim como é por pura sorte que a pessoa crédula que crê em qualquer coisa que lhe é dito acaba tendo algumas crenças verdadeiras.

Parece que se quisermos ter boas razões epistêmicas para crer nas coisas cotidianas que julgamos saber, então precisamos ser capazes de descartar as hipóteses céticas radicais. Uma vez que não podemos descartá-las, segue-se que não temos boas razões epistêmicas para muito do que cremos, e tampouco podemos conhecer o que cremos. Ao empregar o princípio de fechamento, o cético radical parece ter sido capaz de transformar a afirmação aparentemente inofensiva de que não podemos descartar cenários céticos radicais em algo com consequências céticas significativas. Apesar de o cético não ter nos oferecido razões para pensarmos que as hipóteses céticas radicais sejam verdadeiras, ou mesmo prováveis, ele ainda é capaz de usar esses cenários para extrair conclusões céticas radicais. Note que não há apelo à infalibilidade (ou certeza completa) ocorrendo aqui. Se o cético radical está certo de que não temos quaisquer razões epistêmicas para fundamentar nossas crenças cotidianas, então segue-se que nos falta até mesmo o conhecimento falível (ou de algum modo incerto) sobre as afirmações cotidianas.

O paradoxo cético radical

Agora estamos em posição de juntar todas as partes móveis dessa formulação do ceticismo radical. Em suma, o cético radical mantém que as três afirmações seguintes são *inconsistentes*, o que significa que não podem ser todas verdadeiras (ou seja, ao menos uma delas tem que ser falsa):

(1) Somos incapazes de conhecer as rejeições às hipóteses céticas radicais.

(2) O princípio de fechamento.

(3) Temos muito conhecimento de afirmações cotidianas.

Vimos que (1) é bastante plausível. Isso porque as hipóteses céticas radicais são justamente caracterizadas de modo que são indistinguíveis da vida normal. A vida na cuba, para o BIV, é exatamente como a vida normal fora da cuba, embora a maior parte das crenças do BIV sejam falsas. A afirmação (2) também é muito plausível. Certamente, como o princípio de fechamento requer, se se conhece uma proposição e ela implica uma segunda proposição, então deve-se conhecer a segunda proposição. Mas, como vimos, com (1) e (2) validados parece que (3) se torna insustentável. Pois se de fato conhecêssemos essas afirmações cotidianas (por exemplo, alguém está usando uma camisa), então, dado que sabemos que elas são inconsistentes com as hipóteses céticas radicais (esse alguém é um BIV), parece seguir-se, por meio do princípio de fechamento, que devemos ser capazes de conhecer as rejeições às hipóteses céticas radicais. Mas, dado que não podemos conhecer as rejeições às hipóteses céticas radicais, segue-se que tampouco conhecemos as afirmações cotidianas. No entanto, ainda assim comumente supomos que temos muito conhecimento cotidiano, em consonância com (3). Como notamos antes, parece que nossa incapacidade de conhecer as rejeições às hipóteses céticas radicais significa que, de modo algum, não temos boas razões epistêmicas para nossas crenças cotidianas. Assim, não podemos consistentemente endossar todas as afirmações (1), (2) e (3).

Deliberadamente, expressei o desafio cético como um conjunto inconstante de afirmações para destacar dois modos distintos de caracterizar o problema do ceticismo radical. Podemos pensar o ceticismo radical tanto como sendo uma *posição* quanto como um *paradoxo*. O ceticismo radical entendido como posição responderia ao conjunto inconsistente de afirmações que acabo de listar e concluiria que, uma vez que (1) e (2) são claramente verdadeiras, deveríamos rejeitar (3). Especificamente, o ceticismo radical enquanto posição concluiria que de (1) e (2) segue-se que não temos muito do conhecimento cotidiano que supomos ter e que, portanto, (3) é falsa.

Curiosamente, entretanto, o cético radical não precisa ir tão longe para nos inquietar intelectualmente. É suficiente, afinal, notar que parecemos estar independentemente comprometidos com cada uma das afirmações (1), (2) e (3) e, ainda assim, elas não serem todas verdadeiras. Ou seja, todas essas três afirmações parecem estar enraizadas em nossos modos ordinários de pensar o conhecimento e, por isso, as consideramos tão persuasivas. Mas deve haver algo impróprio com nossa concepção ordinária de conhecimento se leva a esse tipo de afirmação inconsistente.

Esse modo de caracterizar o problema do ceticismo radical o concebe como um paradoxo, em vez de uma posição. Nessa interpretação, o cético radical não nos diz de qual das três afirmações deveríamos desistir, mas somente que estamos comprometidos com todas as três, embora não possam ser todas elas verdadeiras. Há na filosofia uma rica história de propostas de paradoxos desse tipo. Isto é, uma rica história de pensar seriamente nos nossos conceitos cotidianos mais fundamentais – tempo, liberdade, causalidade, e assim por diante – e mostrar que eles parecem gerar afirmações inconsistentes.

Há vantagens em propor o desafio cético radical em termos de um paradoxo, em vez de uma posição. Se optarmos pela última estratégia, podemos questionar a coerência desse posicionamento. Podemos perguntar ao cético que nega (3), por exemplo, como ele pretende viver. Quão plausível é conduzir sua existência diária sem supor que se conhece bastante coisas? Como notamos no final do Capítulo 1, é difícil até mesmo entender a ideia de que alguém possa viver completamente privado de conhecimento sem que isso resulte em uma existência absurda. No mínimo, o cético radical parece nos dever uma explicação sobre como é possível viver uma vida radicalmente cética.

Se o ceticismo radical é proposto como um paradoxo, contudo, então não haverá a obrigação de explicar-se. Afinal, o paradoxo simplesmente é composto de afirmações que todos estamos compelidos a aceitar. A tensão, portanto, surge exclusivamente daquilo com que nos comprometemos. O ônus de planejar como vamos resolver a inconsistência do nosso pensamento sobre o conhecimento, preferencialmente de modo a evitar a opção cética de rejeitar (3), por conseguinte, recai sobre nós mesmos.

De todo modo, note que esse desafio cético, seja formulado como paradoxo, seja como posição, satisfaz as *aspirações* da dúvida cética que previamente estabelecemos. Em particular, que não há apelo à infalibilidade ou à completa certeza, mas somente à nossa concepção regular, falível, de conhecimento. Dessa maneira, não é a mera possibilidade de erro que gera a dúvida cética, mas a combinação dessa possibilidade de erro com o princípio de fechamento. É o princípio de fechamento que assegura que as hipóteses céticas radicais, enquanto possibilidades de erro aparentemente remotas, sejam, no entanto, relevantes para determinar se temos conhecimento de afirmações cotidianas. Isso por conta de estarmos cientes de que essas afirmações cotidianas são inconsistentes com as hipóteses céticas radicais. Também vale lembrar que o cético não está afirmando que essas hipóteses céticas radicais são verdadeiras (ele não está afirmando que somos BIVs), ou mesmo que temos qualquer base racional para pensar que essas hipóteses são prováveis. Dado o princípio de fechamento, na medida em que esses cenários são possíveis e somos incapazes de descartá-los (ou seja, de saber que são falsos), sua inconsistência em relação às nossas crenças cotidianas será o suficiente para motivar o desafio cético radical.

Parece termos em mãos um genuíno argumento cético. É um argumento que pretende questionar todo o amplo conhecimento do mundo circundante. O argumento não está direcionado à verdade das nossas crenças, mas antes aos fundamentos epistêmicos que temos para essas crenças, ainda que verdadeiras. Como vimos anteriormente, uma vez que há mais no conhecimento do que a mera crença verdadeira, já que o conhecimento também requer fundamentos epistêmicos para a crença verdadeira, então, na medida em que o cético pode minar esses fundamentos para a crença, ele pode minar nosso conhecimento. Se esse argumento cético radical é correto, não somente nos falta conhecimento para muito do que cremos, mas nem mesmo temos boas razões epistêmicas para crer no que cremos.

No Capítulo 3, consideraremos algumas respostas para essa formulação do ceticismo radical.

Capítulo 3
Defendendo o conhecimento

Recordemos o quebra-cabeça cético radical do qual partimos no Capítulo 2. Lembre-se que ele envolvia mostrar que as três afirmações seguintes são plausíveis independentemente, mas que não podem ser todas elas verdadeiras (ou seja, ao menos uma delas deve ser falsa).

(1) Somos incapazes de conhecer as rejeições às hipóteses céticas radicais.

(2) O princípio de fechamento.

(3) Temos muito conhecimento de afirmações cotidianas.

A afirmação (1) é plausível porque as hipóteses céticas radicais são precisamente caracterizadas de modo que são indistinguíveis da vida normal. Quanto a (2), lembre-se que o princípio de fechamento é a afirmação convincente de que, se conhecemos uma proposição e sabemos que ela implica uma segunda proposição, então também conhecemos a segunda proposição. Então (2) também parece segura. E, naturalmente, queremos manter (3). O problema é, no entanto, que com (1) e (2) em jogo, parece que (3) se torna insustentável. Pois se de fato conhecemos essas afirmações cotidianas (por exemplo, que está usando uma camisa), então, dado que sabemos que elas são inconsistentes com as hipóteses céticas radicais (por exemplo, que é um BIV), parece se seguir, pelo princípio de fechamento, que devemos ser capazes de conhecer as rejeições às hipóteses céticas radicais. No entanto, uma vez que não podemos conhecer as rejeições às hipóteses céticas radicais, segue-se que tampouco conhecemos as afirmações cotidianas. Como notamos anteriormente, parece que nossa inabilidade de conhecer as rejeições às hipóteses céticas radicais significa que não temos quaisquer boas razões epistêmicas para nossas crenças cotidianas. Assim, não podemos consistentemente endossar (1), (2) e (3) ao mesmo tempo.

O perigo, é claro, é que o cético radical nos convencerá de que a melhor maneira de responder a essa dificuldade é endossar (1) e (2) e, consequentemente, rejeitar (3). O resultado seria uma dúvida cética radical acerca de muito do que até agora consideramos saber. Mas mesmo se não concluirmos que (3) deva ser rejeitada e continuarmos a endossar o ceticismo radical como uma posição, o quebra-cabeça ainda não terá sido solucionado. Como podemos estar independentemente comprometidos com essas três afirmações que são inconsistentes em conjunto? Esse é o *paradoxo* do ceticismo radical (distinto do ceticismo radical como posição). E não é uma razão menor para duvidarmos que conhecemos muito do que pensamos saber.

Neste capítulo, veremos algumas respostas a esse quebra-cabeça.

Ceticismo e senso comum

Comecemos com uma resposta bastante natural a quebra-cabeças filosóficos como esse, que é insistir nos nossos princípios do senso comum e voltar a trabalhar a partir dele. Em suma, se o ceticismo radical conflita com o senso comum – certamente ele conflita –, então essa não é uma base sólida para descartar o ceticismo radical?

Evidente que esse é um lugar bastante razoável para começarmos nossas negociações com o ceticismo radical, afinal o que poderia ser mais razoável do que o senso comum? A ideia de que o senso comum deveria ser, em teoria, privilegiado tem uma boa linhagem filosófica, tendo sido endossada de várias formas por filósofos proeminentes ao longo dos anos, incluindo Thomas Reid (1710-1796) e G. E. Moore (1873-1958). Uma das dificuldades em encarar essa abordagem do ceticismo radical, contudo, é que o quebra-cabeça cético, no qual estamos nos envolvendo, não parece se apoiar em nada *além* do que no senso comum. Isto é, as três afirmações que notamos como sendo inconsistentes parecem, acima de tudo, emergir a partir de nossos modos ordinários de pensar sobre o conhecimento. Como vimos no Capítulo 2, nenhuma dessas afirmações obviamente pressupõe ideias controversas sobre conhecimento, por exemplo que ele é infalível ou que demanda certeza absoluta. Se isso estiver correto, então parece que é o próprio senso comum que está gerando o quebra-cabeça cético, graças ao fato de que a própria concepção senso comum de conhecimento leva à contradição.

No entanto, pode-se rebater isso notando que, embora as afirmações inconsistentes (1) a (3) que formam o quebra-cabeça sejam individualmente convincentes, elas, no entanto, apelam a noções que não são comuns encontrarmos nas práticas cotidianas. Em particular, normalmente nem mesmo consideramos as hipóteses céticas radicais na vida cotidiana. Com isso em mente, poderíamos usar um apelo ao senso comum para argumentar com coerência que a natureza esotérica dos cenários céticos radicais significa que não precisamos descartá-los para termos um amplo conhecimento cotidiano?

Há várias dificuldades nessa sugestão. Para começar, está longe de ser claro que as hipóteses céticas radicais são realmente tão esotéricas, afinal, como notamos anteriormente, esses cenários são centrais em filmes de Hollywood – incluindo alguns *blockbusters*. Então, quão plausível é que eles estão de algum modo em desacordo com o pensamento do senso comum? Eles não são, de fato, possibilidades de erro bastante familiares?

Mas mesmo se esses cenários fossem tão complicados como essa proposta sugere, isso por si só não demonstraria que os cenários céticos radicais são contrários aos modos de pensar do senso comum. Para esclarecer esse ponto, precisamos recordar que, na vida cotidiana, somos frequentemente constrangidos de vários modos incidentais. Por exemplo, quando avaliamos se uma crença leva ao conhecimento, nós simplesmente não temos tempo para considerar se todas as possibilidades relevantes de erro foram excluídas, ou talvez nos falte ainda a imaginação para apresentarmos a lista completa dessas possibilidades. Além disso, as práticas cotidianas de avaliar o conhecimento inevitavelmente envolverão alguns atalhos e regras de ouro, na medida em que navegamos em torno de obstáculos práticos que enfrentamos no dia a dia.

Crucialmente, contudo, quando fazemos filosofia costuma ser importante deixar de lado essas restrições puramente práticas, já que em geral são irrelevantes. Isso é especialmente verdade no campo filosófico que nos interessa, a *epistemologia*, a área da filosofia dedicada a questões sobre verdade, conhecimento e noções correlatas. Suponha, por exemplo, que descobrimos que quando consideramos, como epistemólogos, a base para determinada afirmação de conhecimento, percebemos que ela é muito instável graças ao fato de que há uma possibilidade relevante de erro da qual muitas pessoas na vida cotidiana simplesmente não se dão conta e que, portanto, não consideram. (Essa não é uma mera possibilidade teórica, uma vez que cientistas cognitivos demonstraram que há diversos vieses cognitivos que influenciam nosso raciocínio, em geral negativamente, dos quais com frequência não nos damos conta.) Do fato de que na vida cotidiana não consideramos essa possibilidade de erro, devemos concluir que não *deveríamos* considerá-la e, assim, que a afirmação de conhecimento em questão é inteiramente segura? Certamente não. Em vez disso, devemos argumentar que, em vez de não considerarmos essa possibilidade de erro, *deveríamos considerá-la.*

O ponto é que mesmo se não consideramos as hipóteses céticas radicais na vida cotidiana, isso por si só não basta para demonstrar que não devemos considerá-las. De todo modo, mesmo se concedermos que há algo problemático na nossa consideração das hipóteses do ceticismo radical sob a perspectiva do senso comum, não é óbvio como isso nos ajudaria a resolver o problema do ceticismo radical. Afinal, o princípio de fechamento está claramente enraizado no pensamento do senso comum sobre o conhecimento. Mas se isso for correto, então disso parece se seguir que só podemos ter conhecimento das afirmações cotidianas quando também somos capazes de conhecer o que quer que esteja implicado a elas. Pois se não podemos conhecer as hipóteses céticas radicais, então, por meio do fechamento, tampouco podemos conhecer as afirmações cotidianas. Por exemplo, se não posso saber que não estou sem camisa, então não posso saber que estou usando uma camisa, já que, é claro, usar uma camisa implica que não se está sem camisa. Saber que se está usando uma camisa demanda, assim, dado o fechamento, que se saiba que não está sem camisa.

Acabamos de declarar a implicação do princípio de fechamento sem mencionar as hipóteses céticas radicais; dessa forma, nada do que expressamos até agora deve ser problemático da perspectiva do senso comum. Mas se mencionamos ou não as hipóteses céticas radicais, deve estar claro que essa implicação do princípio de fechamento também se aplicará a esses cenários. Afinal, um modo pelo qual eu poderia estar sem camisa é sendo um BIV a quem falta um corpo no qual vesti-la. Então, se para saber que estou usando uma camisa preciso ser capaz de descartar cenários onde eu estou sem camisa, isso significa que preciso ser capaz de descartar o cenário cético radical do BIV. Independentemente de uma menção explícita às hipóteses céticas radicais, descartá-las para se ter conhecimento cotidiano parece ser uma consequência dos modos do nosso senso comum pensar sobre o conhecimento.

Logo, simplesmente apelar ao senso comum não parece oferecer algo que seja tangível quando se trata de resolver o quebra-cabeça cético. Um modo mais sutil de empregar o senso comum foi apresentado por G. E. Moore no século XX. Sua ideia era que, quando a filosofia e o senso comum conflitam, temos o direito de reagir contra a filosofia apelando ao senso comum. Usando um famoso exemplo que ele ofereceu, em circunstâncias normais nada é mais certo do que termos mãos (Figura 7). Esse é o tipo de afirmação nuclear para a nossa imagem de senso comum do mundo. Nesse sentido, se a filosofia nos diz que não sabemos que temos mãos, e isso conflita com o senso comum, então pior para a filosofia. Como essa ideia funcionaria em relação ao quebra-cabeça cético radical?

Aqui vai a proposta de Moore resumidamente. De uma perspectiva do senso comum, a ideia de que temos vários conhecimentos cotidianos – encapsulados em (3) – é

Figura 7. Mãos. G. E. Moore pensava que não havia nada mais certo, em condições normais, do que termos duas mãos, embora a importância disso para o ceticismo seja discutível. Detalhe da obra de Jan Cornelisz Vermeyen, *Retrato de Erard de la Marck*, c. 1528-1530.

claramente sagrada, de modo que descartá-la seria um desastre. Significaria, por exemplo, desistir do conhecimento de que temos mãos. O princípio de fechamento – afirmação (2) – também parece bastante confiável. Então, dado que precisamos rejeitar ao menos uma das afirmações de (1) a (3), que tal abraçarmos (3) e (2) para concluirmos que (1) é falsa? O ceticismo como posição, lembre-se, defende aceitar que não podemos conhecer as rejeições às hipóteses céticas radicais (1) e, assim, pelo princípio de fechamento (2), não conhecemos muito do que ordinariamente pensamos conhecer, isto é, (3) é falsa. Mas a sugestão de Moore é usar esse raciocínio ao contrário: abraçar a ideia de que conhecemos as coisas cotidianas que pensamos conhecer (3) e, por meio do princípio de fechamento (2), concluir que conhecemos as rejeições às hipóteses céticas radicais, isto é, devemos rejeitar (1).

Ao propor isso, Moore concede dois pontos cruciais ao cético radical. O primeiro é que o raciocínio do cético é tão bom quanto o nosso. Ou seja, ele não está argumentando que o modo do cético radical de negar (3) está errado, só está dizendo que podemos argumentar na direção oposta e afirmar que (1) é falsa. Com efeito, o pensamento é que temos aqui um tipo de impasse dialético entre filosofia e senso comum, mas que na presença de tal impasse estamos autorizados a seguir com o senso comum e, assim, rejeitar a conclusão filosófica (isto é, cética) de que nos falta conhecimento cotidiano.

A segunda concessão que Moore faz ao cético radical é conceder que ele não pode explicar por que (1) é falsa. A afirmação de Moore é somente que o senso comum dita que ela *deve* ser falsa. Afinal, todos os partidos dessa disputa concordam que, ao menos, uma das três afirmações do quebra-cabeça cético radical deve ser falsa. Note que negar qualquer uma dessas três afirmações – incluindo, para esse propósito, negar (3) – gera um mistério, dado quão plausível é cada uma delas quando consideradas independentemente. A controvérsia de Moore é que, enquanto a falsidade de (1) é misteriosa, uma vez que a falsidade de *qualquer uma* dessas três afirmações seria misteriosa, isso em si não é argumento contra a rejeição de (1).

Qual é a plausibilidade da resposta mooreana ao quebra-cabeça cético? Lembre-se que, no Capítulo 2, distinguimos o ceticismo radical como paradoxo do ceticismo radical como posição. Construído como posição, o ceticismo radical envolve ativamente afirmar que nos falta conhecimento cotidiano, ou seja, envolve rejeitar (3). Construído do primeiro modo, como um paradoxo, contudo, o cético radical não defende qualquer afirmação específica, mas apenas destaca que estamos independentemente comprometidos com três afirmações que são inconsistentes. Como vimos no Capítulo 2, o ceticismo radical construído como paradoxo tem menos responsabilidades dialéticas que o ceticismo como posição, até porque não tem de explicar como se pode abraçar coerentemente uma conclusão cética radical.

A distinção entre ceticismo radical como paradoxo e ceticismo radical como posição é muito importante quando se trata de avaliar o grau de persuasão da postura anticética de Moore. Na medida em que focamos no ceticismo radical como posição, a resposta de Moore pode parecer bastante plausível. Tanto Moore quanto o cético estão afirmando algo extremamente contraintuitivo: podemos conhecer as rejeições às hipóteses céticas radicais e conhecemos muito pouco daquilo que pensamos conhecer, respectivamente. Além disso, parece haver um impasse dialético bastante equilibrado quando se trata de escolher entre essas duas posições. A cética concede (1) e (2) e rejeita (3), enquanto a mooreana concede (3) e (2) e conclui que (1) deve ser rejeitada. Se as opções levam assim a um embate entre filosofia e senso comum, então por que não optar pelo senso comum e, então, rejeitar a posição cética que envolve negar (3)?

Contudo, os problemas da abordagem de Moore começam a ficar aparentes quando mudamos o foco para o ceticismo radical construído como paradoxo, em vez de posição. Isso porque não estamos trocando as virtudes e os vícios de uma proposta à luz de uma proposta cética radical concorrente. Na verdade, estamos diante de uma tensão fundamental que aparentemente surge a partir da nossa própria concepção de conhecimento e que tenta descobrir a melhor forma de resolver essa tensão. Tendo em mente esse modo de pensar o ceticismo radical, qual conforto filosófico possivelmente teríamos ao nos ser dito que (1) deve ser falsa, de modo que poderíamos conhecer as rejeições às hipóteses céticas radicais, se não nos for explicado como isso seria possível? Lembre-se que já vimos que intuitivamente não podemos conhecer as rejeições às hipóteses céticas radicais, motivo pelo qual acabamos endossando (1) em primeiro lugar.

Isso significa que se quisermos transformar o apelo de Moore ao senso comum em uma proposta anticética plausível, e que tenha aplicação mesmo contra o paradoxo cético radical, então precisamos combiná-lo com um argumento sobre como (1) poderia ser falsa. Especificamente, como seria possível conhecermos as rejeições às hipóteses céticas radicais? O desafio aqui é explicar como esse conhecimento seria possível dado que as hipóteses céticas radicais são, por natureza, indistinguíveis das experiências cotidianas. Essa é uma tarefa difícil. Mesmo se pudéssemos oferecer tal explicação, isso provavelmente envolveria um argumento altamente revisionista do conhecimento. A preocupação seria que tal explicação revisionista fosse ainda menos plausível que as afirmações que geraram o quebra-cabeça cético radical. A preocupação seria que permanecêssemos mais persuadidos com a afirmação do cético radical de que há algo profundamente errado com as nossas formas comuns de pensar sobre o conhecimento do que com a proposta anticética revisionista que nos fosse apresentada.

Ceticismo e contexto

Um tipo diferente de resposta ao problema cético envolve a ideia de que talvez haja algum tipo de mudança de contexto no raciocínio cético. Pode-se certamente ter a impressão de que algo assim está acontecendo quando se lida pela primeira vez com o problema. Como acabamos de verificar em nossa discussão sobre ceticismo e senso comum, sequer costumamos considerar as hipóteses céticas radicais na nossa vida cotidiana. Poderia, então, ser o caso de que o cético radical está, de algum modo não legítimo, elevando os padrões para o conhecimento e que isso está gerando o problema cético?

Aqui vai um modo de dar corpo a essa ideia. Talvez "conhecer" seja um termo sensível ao contexto. A ideia seria que às vezes esse termo é associado a um padrão epistêmico bem pouco exigente, por isso fácil de satisfazer; outras vezes ele é associado a um padrão epistêmico bem exigente, assim difícil (se não impossível) de satisfazer. Isso poderia explicar por que no uso cotidiano desse termo atribuímos muitos conhecimentos uns aos outros; o pensamento seria que, em contextos cotidianos, usamos "conhecer" de modo pouco exigente. Talvez o que ocorre quando nos envolvemos com o ceticismo radical seja que mudamos o uso "conhecer" – desse modo pouco exigente – para empregá-lo em uma interpretação mais austera. Portanto, não seria surpresa se não mais atribuíssemos amplamente o conhecimento, uma vez que "conhecer" passou a significar algo muito mais restrito do que significava antes. O problema cético radical poderia se dar nesse tipo de mudança de contexto?

É verdade que algumas palavras são inerentemente sensíveis ao contexto, no sentido de que é preciso ter informações específicas sobre a situação na qual elas são usadas para descobrirmos o que significam. Talvez o exemplo mais claro sejam indexicais como "eu", "aqui" e "agora". Quando digo que "eu estou com fome", quero dizer que *Duncan Pritchard* está com fome, mas você está fazendo uma afirmação sobre *você*, não sobre mim, quando faz a mesma asserção. Entender afirmações envolvendo a palavra "eu" requer que se saiba quem está falando. Da mesma forma, para se entender o que significa uma asserção envolvendo "aqui" ou "agora", será importante saber quando e onde, respectivamente, a asserção foi feita. A característica de expressões envolvendo indexicais explica por que ninguém pensa que duas pessoas estão divergindo se uma delas diz "eu estou com fome" e a outra diz "eu não estou com fome". Se duas pessoas fazem essas asserções, então não há contradição, uma vez que "eu", em cada caso, se refere a uma pessoa diferente. No entanto, se a mesma pessoa faz ambas as asserções uma após a outra, então há um conflito, uma vez que elas se contradizem.

Claramente há precedentes para haver termos que são sensíveis ao contexto em nossa linguagem; do mesmo modo, grosseiramente, estamos sugerindo que "conhecer" também é um termo sensível. Contudo, os indexicais talvez não sejam os melhores exemplos nos quais focar, uma vez que não há apelo a padrões. Em relação a "eu", por exemplo, tudo que importa é quem está falando, mas outros termos sensíveis ao contexto podem necessitar um apelo a padrões. Considere o termo "alto", por exemplo. Sou alguns centímetros mais alto que 1,80 metro; em muitos contextos poderia ser considerado alto, mas eu provavelmente não seria considerado tão alto em um time de basquete. Não há contradição aqui – não é que eu seja simultaneamente alto e não alto. As avaliações de altura são feitas de acordo com um determinado padrão. Tendo alguns centímetros mais que 1,80 metro de altura, sou alto em relação ao padrão de altura da *pessoa mediana*, mas não sou alto em relação ao padrão de altura de um jogador de basquete mediano. O que serve para "alto" também se aplica a muitos outros termos sensíveis ao contexto, como "grande", "pesado", "largo", "vazio", "plano", entre outros.

O que aconteceu com o termo "alto" pode ser o que ocorre quando nos comprometemos com o ceticismo radical? Assim como é, em geral, verdade dizer que eu sou "alto", uma vez que isso é relativo a um padrão não exigente de altura, então também é comumente verdade dizer que "sabemos" várias coisas, uma vez que isso é relativo a um padrão não exigente de conhecimento. No entanto, assim como não é verdade dizer que eu sou "alto" em relação aos padrões exigentes de altura empregados por um técnico de basquete, não é verdade dizer que eu "sei" várias coisas levando em consideração os padrões mais exigentes de conhecimento empregados pelo cético radical.

Uma vantagem dessa resposta *contextualista* ao ceticismo radical é que nela há um sentido no qual *tanto* nós *quanto* o cético estamos corretos. Afinal, nossas práticas ordinárias de atribuir conhecimento uns aos outros se mostram corretas na medida em que escolhem implicitamente um padrão não exigente de conhecimento. Mas o cético radical também está correto ao afirmar, em relação ao padrão exigente de conhecimento que ele emprega, que nos falta muito do conhecimento que consideramos ter. Parecia que estávamos contradizendo um ao outro, mas uma vez que "conhecer" é um termo sensível ao contexto, então não há mais contradição do que você estaria me contradizendo quando diz "eu não estou com fome" logo após eu ter declarado "eu estou com fome".

De modo análogo, o contextualista também consegue afirmar que, propriamente compreendidas, as três afirmações anteriores que formam o paradoxo cético radical não estão em conflito. Considere (3), a afirmação de que temos bastante conhecimento cotidiano. De acordo com o contextualismo, isso é verdade em relação aos padrões cotidianos de conhecimento, mas falso segundo os padrões elevados de conhecimento empregados pelo cético radical. O contextualista também pode explicar por que (1), a afirmação de que somos incapazes de conhecer rejeições às hipóteses céticas radicais, é tão convincente. Uma vez que (1) explicitamente evoca as hipóteses céticas radicais, ela traz consigo o problema do ceticismo radical e, assim, apela aos padrões exigentes de conhecimento que o cético radical emprega. Se considerar o problema do ceticismo radical significa elevar os padrões de conhecimento, então avaliar se conhecemos as rejeições às hipóteses céticas radicais deveria ser suficiente para nos levar a um contexto cético mais exigente.

Conceder que (1) é verdadeira não cria conflito algum com (3) e o princípio de fechamento, representado por (2), entretanto isso ocorre apenas na medida em que mantivermos fixo o contexto relevante. Em qualquer contexto de padrão elevado em que (1) for questionada, então (3) não mais seria verdadeira e, então, não haveria tensão alguma com o princípio de fechamento. Ou seja, ao começar a pensar sobre hipóteses céticas radicais, como teríamos que fazer para avaliar (1), já estamos em um contexto cético em que "conhecer" escolhe um padrão exigente de conhecimento. Mas nesse cenário, (3) deixa de ser verdadeira, uma vez que "conhecer" também irá escolher um padrão exigente. Dito de outro modo, não "conhecemos" afirmações cotidianas seguindo os exigentes padrões céticos.

Em qualquer contexto em que (3) se revelar verdadeira – em que "conhecemos" afirmações cotidianas relativamente aos padrões pouco exigentes relevantes –, então o problema do ceticismo radical está, por definição, fora de consideração, assim como as hipóteses céticas radicais. Assim, se simplesmente não emerge a questão de se (1) é verdadeira, não há tensão com o princípio de fechamento (2). Entretanto, tão logo a questão sobre se (1) é verdadeira emerge, então (1) torna-se verdadeira. Mas aí (3) se torna falsa, já que os padrões de conhecimento acabaram de ser elevados, o que significa que nós não mais "conhecemos" afirmações cotidianas.

De todo modo, não há um contexto único em que o princípio de fechamento gere uma tensão entre (1) e (3). Assim, embora parecesse que as afirmações (1) e (3) fossem conjuntamente inconsistentes, de acordo com o contextualista, elas não o são. O erro se deu ao não nos darmos conta de que "conhecer" é um termo sensível ao contexto, como o contextualista estabeleceu.

Pode-se pensar que o contextualismo oferece um modo elegante de lidar com o problema do ceticismo radical. Mas ele encara objeções bastante sérias. É difícil entender por que fomos sempre absorvidos pelo problema do ceticismo radical se o contextualismo é o jeito certo de responder a ele. Ninguém jamais ficou confuso a respeito de como o que se entende por expressões que envolvem indexicais pode depender de contexto. Semelhantemente, ninguém perdeu o rumo diante do fato de que palavras como "alto" podem ser usadas de diferentes maneiras dependendo dos contextos. Colocando de outro modo, não há um quebra-cabeça cético envolvendo "eu" ou "alto". Ninguém fica confuso, por exemplo, que eu seja considerado alto pelos padrões de altura empregados em contextos cotidianos, mas não seja considerado alto pelos padrões empregados por técnicos de basquete.

Mas se não ficamos confusos usando alguns termos sensíveis ao contexto, por que com "conhecer" é tão diferente? Isto é, por que não reconhecemos imediatamente que há uma mudança de contexto ocorrendo no argumento cético radical, assim como fazemos quando se trata no uso de outros termos sensíveis ao contexto? É realmente plausível que um quebra-cabeça que levou filósofos à perplexidade por tanto tempo apenas se baseie em uma simples característica da linguagem que podemos ordinariamente identificar em um segundo? Lembre-se também que "conhecer" é um termo básico, tal que estamos todos familiarizados com ele – não é como se fosse uma palavra arcana, ou que tivesse um significado muito específico.

Há outra razão para se pensar que o contextualismo não soluciona o problema cético radical. Para que a resposta contextualista ao ceticismo radical obtenha apoio diante dessa dificuldade, é crucial que satisfaçamos *algum* padrão epistêmico de conhecimento, ainda que fraco. Afinal, o argumento contextualista é precisamente que, em contextos cotidianos, as atribuições de conhecimento estão corretas porque os padrões levados em consideração são bem pouco exigentes. É assim que pode ser considerado verdade que eu "conheço" algo tão mundano, como que estou usando uma camisa.

O dilema, no entanto, é que o problema cético radical que apresentamos parece excluir até mesmo essa possibilidade.

Lembre-se que o quebra-cabeça cético radical foi lançado no nível do conhecimento. Especificamente, foi afirmado que mesmo se nossas crenças forem verdadeiras, elas não caracterizam conhecimento porque não temos qualquer razão epistêmica para pensar que nossas crenças são verdadeiras. Como notamos, eu posso pensar, em circunstâncias normais, que tenho todo tipo de razões epistêmicas para achar, digamos, que estou usando uma camisa, mas uma vez que o princípio de fechamento e as hipóteses céticas radicais, como o cenário BIV, estão em jogo, então essas razões epistêmicas parecem ser ilusórias. Afinal, eu sei que se eu fosse um BIV, então não estaria usando uma camisa, mas eu não sei se não sou um BIV. Então, como posso ter boas razões epistêmicas para pensar que estou usando uma camisa? As minhas razões epistêmicas para crer que estou usando uma camisa não seriam as mesmas razões que o BIV ofereceria para ele pensar que está usando uma camisa? Se isso for correto, em que sentido eu tenho boas razões epistêmicas, ainda que apenas uma?

O ponto é que, na medida em que o ceticismo radical resulta nisso, então o contextualismo é irrelevante para o problema em questão. Isso porque se seguiria que não satisfazemos *qualquer* padrão de conhecimento, nem mesmo o padrão mais fraco imaginável. Dessa maneira, apelar para padrões de "conhecer" não nos traz qualquer vantagem no tocante ao problema cético, na medida em que a dificuldade ainda está em nós. Em suma, ainda nos falta conhecimento, mesmo em relação aos baixos padrões cotidianos descritos pelo contextualista;

e se nos falta conhecimento mesmo em relação a esses padrões epistêmicos pouco exigentes, então simplesmente nos falta conhecimento, assim como alega o cético radical.

Invertendo o ceticismo

Uma abordagem mais radical ao problema do ceticismo radical foi delineada por Ludwig Wittgenstein (1889-1951) em seus últimos cadernos, publicados postumamente como *Da certeza* (1969). Como vimos antes, Moore, contemporâneo de Wittgenstein, pensava que nossas certezas cotidianas do senso comum têm papel especial na nossa resposta ao ceticismo radical. Wittgenstein também pensava dessa maneira, mas sua concepção do papel especial que elas deveriam desempenhar é radicalmente diferente. Enquanto Moore pensava que as certezas do senso comum nos fornecem uma base epistêmica sólida para combater a dúvida cética radical, Wittgenstein, ao contrário, afirmou que elas eram essencialmente *arracionais*, ou seja, não sustentadas nem racional nem irracionalmente. Tentemos esmiuçar esse raciocínio e por que Wittgenstein pensava que ele nos fornecia algo construtivo sobre o ceticismo radical. Afinal, diante disso, dizer que nossas convicções mais básicas são sustentadas de modo arracional soa bastante como se o filósofo estivesse *concordando* com o cético radical.

Para entendermos o que Wittgenstein estava propondo, primeiro precisamos dar um passo para trás e fazer algumas observações sobre *avaliações racionais*. Notamos previamente que o conhecimento é crença verdadeira fundamentada de modo apropriado em razões epistêmicas. Quando fazemos avaliações racionais – por exemplo, quando tentamos determinar se uma crença tem o suporte racional correto para constituir conhecimento –, normalmente o fazemos a partir de um contexto de afirmações aceitas que não estão elas próprias em questão. Então, por exemplo, suponha que queremos descobrir se a crença de uma pessoa de que a árvore para a qual está olhando é um carvalho constitui conhecimento. Para fazê-lo, consideraremos vários fatores epistemicamente relevantes: por que se crê no que se crê (por conta da aparência da árvore ou baseado no testemunho de outra pessoa?); quão responsável se é pela formação da crença (a pessoa inspecionou a árvore atentamente ou deu uma rápida olhada nela?); quão plausível é que essa pessoa esteja errada (há na vizinhança tipos de árvores que parecem carvalhos mas que não são carvalhos?); e assim por diante. Ao fazermos uma avaliação racional, estamos avaliando se uma crença (nesse caso, se essa árvore é um carvalho) constitui conhecimento de acordo com diversas afirmações que já são aceitas como conhecimento (por exemplo, a árvore parece um típico carvalho, não há não carvalhos que pareçam carvalhos na vizinhança; pode-se detectar um carvalho simplesmente vendo-o, sem necessidade de análises especiais). É nesse sentido que avaliações racionais normalmente são *locais*, pois não estamos racionalmente avaliando todas nossas crenças de uma vez, mas somente um subconjunto dessas crenças, relativas a um conjunto mais amplo de crenças que não estão em dúvida e, assim, são tratadas como conhecimento.

As avaliações racionais do cético radical, ao contrário, não são locais quando postas dessa maneira, mas *globais*. O cético radical está tentando determinar se nossas crenças *como um todo* possuem fundamentos epistêmicos apropriados, constituindo assim o conhecimento. Esse é o propósito de se introduzir cenários céticos radicais, que são situações nas quais as crenças de uma pessoa estão completamente erradas – e são indistinguíveis da vida normal, que é o motivo pelo qual somos incapazes de descartá-las.

Em geral, descartamos possibilidades de erro apelando a coisas que sabemos que não estão, elas próprias, sendo questionadas pela possibilidade de erro. Por exemplo, pode-se descartar a possibilidade de erro de que a árvore diante da qual se está não é um carvalho, mas um olmo, apontando que se sabe a diferença entre a aparência dessas duas árvores, e portanto se pode diferenciá-las. Aqui estamos apelando ao nosso conhecimento (nesse caso, sobre a aparência de carvalhos e olmos) para descartar a possibilidade de erro de que aquilo que pensamos ser um carvalho é, na verdade, um olmo.

Contudo, não podemos usar coerentemente essa linha de raciocínio com cenários céticos radicais. Eles são possibilidades de erro que questionam todas as nossas crenças (ou ao menos muitas delas) e, portanto, colocam em questão até mesmo nosso conhecimento de segundo plano. É por isso que não podemos apelar para nossas memórias ou experiências (ou mesmo para nossas crenças sobre o atual estado da tecnologia) a fim de descartar a hipótese cética do BIV, pois o próprio cenário levanta dúvidas sobre a veracidade delas.

Que o ceticismo radical tem a tarefa de fazer avaliações racionais globais, em vez de locais com as quais estamos ordinariamente familiarizados, não é em si uma acusação contra ele. Como notamos quando discutimos a relevância do senso comum quando se trata do problema do ceticismo radical, o cético radical está plausivelmente nos oferecendo uma versão "purificada" de nossas práticas cotidianas. Em geral, avaliamos racionalmente nossas crenças de forma fragmentada; faz sentido que assim seja, dadas as coações práticas sob as quais ordinariamente operamos. Não temos tempo, muito menos inclinação, para questionar todas as nossas crenças de uma vez só. Mas quando fazemos filosofia nós não estamos coagidos por tais limitações, por isso podemos questionar qual é o fundamento epistêmico de nossas crenças como um todo. A controvérsia do cético radical é que, uma vez que damos um passo atrás para questionar tudo, descobrimos que nossas crenças não têm nenhuma base epistêmica sólida e, portanto, não constituem conhecimento (ou, pelo menos, não há disponível qualquer argumento plausível sobre por que constituem conhecimento).

Curiosamente, não é só o cético radical que tenta avaliar racionalmente nossas crenças como um todo. Perceba que essa também é a meta do *anticético* tradicional. Enquanto o cético radical avalia racionalmente nossas crenças como um todo de modo *negativo*, e as interpreta como carentes de bases, o anticético tradicional racionalmente avalia nossas crenças como um todo visando produzir um veredito *positivo*, ou seja, demonstrar que constituem conhecimento, *ao contrário* do cético radical. Lembre-se que Descartes estava tentando fazer isso por meio do fundacionalismo, pelo qual somos capazes de mostrar que nossas crenças como um todo estão epistemicamente em ordem, já que são apoiadas por fundações indubitáveis. Moore estava tentando fazer algo no mesmo sentido ao apelar para nossas certezas do senso comum. Ele tentava mostrar que essas certezas fornecem uma base racional para combater o ceticismo radical e, assim, assegurar que nossas crenças como um todo, de um ponto de vista racional, estão perfeitamente em ordem do modo como estão (ou, pelo menos, que se houver algo errado em nossas crenças, não é algo que o cético radical tenha exposto).

É daí que surge a proposta de Wittgenstein. Sua ideia básica é que tanto o cético radical quanto o anticético tradicional empregam uma concepção falsa sobre a natureza da avaliação racional. Wittgenstein argumentou que não é uma característica *incidental* de nossas avaliações racionais cotidianas que elas sejam locais. Na verdade, pertence à própria natureza da avaliação racional que ela seja local. Em particular, ele afirmou que a própria ideia de que alguém possa empreender uma avaliação racional global – isto é, avaliar racionalmente todas as crenças de uma vez só – é simplesmente incoerente. Se isso estiver correto, então tanto o cético radical quanto o anticético tradicional estão cometendo o mesmo erro fundamental.

A razão pela qual Wittgenstein fez essa afirmação é que ele pensava que todas as avaliações racionais se dão a partir de um conhecimento de alguma certeza primitiva, embora absoluta. Por essa certeza ser necessária para que as avaliações racionais ocorram, ela é, às vezes, chamada de certeza "dobradiça", famosa metáfora de Wittgenstein (Figura 8). Considere a seguinte passagem de *Da certeza*:

> [...] as *questões* que levantamos e nossas *dúvidas* dependem do fato de que algumas proposições estão isentas da dúvida, são como se fossem dobradiças em torno das quais aquelas giram.
>
> Isso significa dizer que pertence à lógica das nossas [...] investigações que certas coisas são *de fato* indubitáveis.
>
> Mas não é que a situação seja assim: simplesmente *não podemos* investigar tudo e, por essa razão, somos forçados a permanecer satisfeitos com suposições. Se quero que a porta se abra, as dobradiças devem permanecer no lugar.

A teoria de Wittgenstein é que a própria prática de avaliar racionalmente nossas crenças pressupõe certezas dobradiças que permitem as avaliações racionais, e, assim, elas próprias não estão sujeitas à avaliação racional. A certeza dobradiça é, com efeito, uma convicção tácita subjacente de que não se está radicalmente em erro. Wittgenstein sustentou que isso é manifesto na certeza bruta que exibimos quando tratamos de afirmações cotidianas que são, para nós, absolutamente certas.

O contraste com Moore é instrutivo na medida em que, apesar de ambos estarem interessados no papel especial que nossas certezas cotidianas desempenham, há uma diferença crucial.

Figura 8. Dobradiças. Wittgenstein usou a metáfora de uma dobradiça para explicar o papel especial de capacitação que, segundo ele, nossos compromissos mais fundamentais desempenham nas práticas racionais, enquanto não estão, eles mesmos, sujeitos à avaliação racional.

Enquanto Moore pensava que essas certezas cotidianas têm *status* racional especial – permite combater o ceticismo radical –, Wittgenstein, por sua vez, sustentou que elas são imunes à avaliação racional. Não somente não faz sentido elas serem racionalmente fundamentadas, tampouco são por isso irracionais. Antes, são dobradiças que devem estar no lugar para que as avaliações racionais ocorram e, por isso, não podem elas mesmas ser racionalmente avaliadas. Se isso estiver correto, segue-se que não pode haver avaliações racionais universais, uma vez que sempre haverá a necessidade de que as certezas dobradiças estejam firmes para qualquer avaliação racional ocorrer, mas elas próprias são imunes a avaliações racionais.

Consideremos um exemplo dado por Wittgenstein. Como notamos antes, Moore celebremente ofereceu sua crença de ter mãos como uma das afirmações de senso comum das quais ele estava absolutamente certo. Assim, se qualquer argumento filosófico, como o quebra-cabeça cético com o qual nos deparamos, propõe mostrar que ele não sabe que tem mãos, então Moore argumenta que é mais razoável rejeitar esse raciocínio do que aceitar que ele não sabe que tem mãos. Como vimos, parece que Moore teria que afirmar que devemos ser capazes de conhecer as rejeições às hipóteses céticas radicais, embora ele concordasse que não podia explicar como. Wittgenstein concorda que a afirmação que se tem mãos é absolutamente certa para nós, ao menos em condições normais, mas ele não pensa que isso concede a essa afirmação qualquer *status* racional especial, como pensava Moore. Wittgenstein argumenta que o fato de que isso é tão certo em condições normais significa que não faz sequer sentido haver qualquer fundamento coerente para se duvidar disso, tampouco que há qualquer fundamento coerente em favor de se crer.

Podemos pensar que isso é confuso, uma vez que minha crença de que tenho mãos não é algo que está fundamentado em minhas experiências das minhas mãos, em vê-las e senti-las, por exemplo? Wittgenstein responde que isso é um equívoco:

Se um homem cego me perguntasse "você tem duas mãos?", eu não poderia me assegurar disso olhando-as. Se eu tivesse qualquer dúvida, então não poderia saber por que deveria confiar em meus olhos. Afinal, por que eu não deveria testar meus *olhos* procurando descobrir se eu vejo minhas duas mãos? O *que* deve ser testado pelo *quê*?

O ponto é que essa certeza não é algo que é em si racionalmente avaliado, mas parte de uma experiência não colocada em questão a partir da qual outras afirmações são racionalmente avaliadas. É isso, assim, o que torna as avaliações racionais possíveis em primeiro lugar. Compare a convicção de que se tem mãos com a convicção de que se tem chaves no bolso. Se lhe perguntarem se está com suas chaves, faz todo sentido bater nos lados da calça para ver se ouve o tilintar das chaves, ou mesmo tirá-las do bolso para mostrá-las a outra pessoa. No entanto, não faz sentido se, ao lhe perguntarem se você tem mãos, você apresentá-las e dizer "Oh, sim, elas estão aqui!".

O ponto de Wittgenstein é que essas certezas cotidianas manifestam nossa convicção geral de que não estamos fundamentalmente equivocados em nossas crenças. Mas não estarmos fundamentalmente equivocados em nossas crenças não é algo que temos qualquer razão para sustentar. É, antes de mais nada, uma simples parte do que significa ser alguém que crê e, do mesmo modo, ser alguém que duvida (Figura 9).

Se não temos base racional para essas certezas dobradiças, então elas não podem ser conhecidas, ao menos se mantivermos que o conhecimento requer crença verdadeira fundamentada em razões epistêmicas apropriadas. Pode-se imaginar por que essa afirmação simplesmente não colapsa em um ceticismo

Figura 9. Fé e dúvida. A interconexão entre fé e razão, e em especial o modo como esta deve ser reconciliada com a dúvida, é tema central de muitas religiões. Obra-prima de Caravaggio, *A incredulidade de São Tomé* (1601-1602).

radical. Se nossas avaliações racionais pressupõem uma certeza dobradiça que carece de suporte racional, então isso não significa que nossas crenças são derradeiras e completamente sem fundamento, ou seja, completamente carentes de razões epistêmicas? Isso não é o mesmo que admitir que o que está no cerne das nossas crenças é apenas uma questão de *fé*? O problema, no entanto, é que a fé parece ser *oposta* à razão. Portanto, se no fundo nossas crenças se resumem à fé, então é difícil ver por que isso não simplesmente implica que não sabemos nada, assim como o cético radical argumenta.

Note, contudo, que enquanto é verdade, segundo o argumento wittgensteiniano, que não temos conhecimento das certezas dobradiças, há também um sentido de que tampouco falhamos em conhecê-las. Ou seja, ela não é algo do qual somos ignorantes, como se fosse algo que poderíamos ter conhecido mas falhamos. A afirmação de Wittgenstein é que não há sentido para a ideia de avaliação racional que não pressuponha esse conhecimento de certeza dobradiça e, assim, que não se pode racionalmente avaliar a dobradiça em si, pois esta precisa estar firme para que uma avaliação racional ocorra. A certeza dobradiça não é, nesse sentido, algo que pudéssemos conhecer, nem algo que pudéssemos fracassar em conhecer – ou seja, ignorar –, ela simplesmente não é o tipo de coisa que está disponível no âmbito do conhecimento.

Isso marca uma diferença sutil entre a proposta de Wittgenstein e o ceticismo radical. Ambos concordam que a certeza dobradiça é desconhecida, mas a explicação é diferente em cada caso. Para Wittgenstein, ela é desconhecida porque a certeza dobradiça simplesmente não é o tipo de coisa que poderia ser conhecida, e é um equívoco filosófico pensar o contrário. Já para o cético radical, a certeza dobradiça é o tipo de afirmação que poderia ser conhecida, só que falhamos em conhecê-la, ou seja, somos ignorantes dela. Apesar de sutil, essa diferença é importante. Se somos ignorantes sobre a certeza dobradiça, então a ideia de que nossas crenças cotidianas, reforçadas pelas avaliações locais, carecem de suporte para razões epistêmicas parece bastante plausível. Mas se a certeza dobradiça não está nem mesmo no âmbito do conhecimento, então por que o fato de que é desconhecida deveria ter qualquer ramificação negativa para a linhagem epistêmica de nossas crenças cotidianas? É por isso que descrevi a abordagem de Wittgenstein como "invertendo" o ceticismo, na medida em que toma uma conexão-chave que o cético radical faz e tenta virá-la de ponta-cabeça, de modo que possa ser empregada contra o ceticismo radical.

Mesmo que se conceda esse ponto a Wittgenstein, contudo ainda pode parecer misterioso como essa linha de raciocínio anticético tem qualquer aplicação para a formulação do quebra-cabeça cético radical com o qual estamos lidando. À primeira vista, a ideia parece ser que a certeza básica de que não estamos radicalmente em erro está encapsulada na nossa convicção de que não somos vítimas de hipóteses céticas radicais. Claro, pode-se seguir o passo a passo para satisfazer esses cenários – pensando que se é um BIV, por exemplo –, mas a certeza que está manifesta nas nossas ações cotidianas revela que não há qualquer dúvida em jogo. Então, assim como o cético afirma, não conhecemos as rejeições às hipóteses céticas radicais – afirmação (1) –, embora é preciso ressaltar que tampouco ignoramos essas afirmações. Ainda assim, o raciocínio parece prosseguir, o suporte epistêmico que nossas crenças cotidianas desfrutam está perfeitamente bem como está, embora ele seja produto de avaliações racionais locais que se dão a partir de um conhecimento de certezas primitivas arracionais. Dessa forma, a posição de Wittgenstein parece endossar (3) também.

Isso significa que a linha de raciocínio de Wittgenstein envolve negar (2), rejeitando o princípio de fechamento?

Certamente pode parecer que isso está implicado nessa abordagem, pois qual seria a outra opção? O pensamento parece ser que o princípio de fechamento parece inócuo porque estamos implicitamente tomando como dado a possibilidade de haver avaliações racionais universais. Em geral, o princípio de fechamento somente levará de uma porção de conhecimento localmente avaliado para outra porção de conhecimento localmente avaliado, como quando se conclui que a árvore é um carvalho, e não um olmo (dado que se sabe que nenhuma árvore é tanto um carvalho quanto um olmo). O que é distintivo das instâncias do princípio de fechamento que o cético radical emprega, contudo, é que elas nos levam de afirmações do conhecimento cotidiano, localmente avaliado, para rejeições às hipóteses céticas radicais, em que estas últimas são o tipo de coisa que, se conhecidas, envolveriam uma avaliação racional global. A linha de raciocínio de Wittgenstein sobre o fechamento assim parece ser a ideia de que as instâncias do princípio de fechamento desse tipo estão longe de serem inócuas, na medida em que pressupõem uma concepção sobre a natureza da avaliação racional que Wittgenstein afirma ser completamente falsa.

Se isso estiver correto, então a resposta wittgensteiniana para o problema do ceticismo racional é negar o princípio de fechamento (2). Mas dada a evidente plausibilidade do princípio de fechamento, essa será uma abordagem difícil, uma vez que inevitavelmente envolve negar algo que pensamos ser altamente intuitivo.

A situação

Meu objetivo neste capítulo não foi argumentar a favor de nenhuma resposta particular ao problema do ceticismo radical, ou mesmo oferecer um panorama compreensível de todas as respostas disponíveis. Em vez disso, apresentei amostras representativas de propostas anticéticas, para que o leitor pudesse ter uma ideia de como se pode prosseguir ao abordar essas dificuldades. Todas as linhas anticéticas de raciocínio que analisamos têm suas próprias dificuldades, não há nenhum argumento que fez um gol de bicicleta. Isso significa que a situação é desesperadora? De modo algum. Na verdade, a existência de diversas respostas disponíveis, cada uma com seus próprios méritos e deméritos, é inteiramente normal em um quebra-cabeça filosófico e, portanto, nada com que se surpreender. O que isso nos diz é que o quebra-cabeça é provavelmente profundo e importante, de modo que, em vez de ser passível de uma solução simples, ele nos incita a olhar mais de perto para o assunto e refinar o nosso pensamento durante o processo. No caso do paradoxo cético radical, isso pode significar, por exemplo, tentar compreender como nosso sistema de avaliação racional poderia necessariamente incorporar compromissos de dobradiças arracionais, como Wittgenstein sugeriu, ou entender de que modo o "conhecimento" pode ser uma noção sensível ao contexto disfarçada, como o contextualismo argumenta. O propósito de se considerar essas linhas de raciocínio anticéticas não é convencê-lo a favor de uma solução específica, muito menos convencê-lo de que não há solução disponível, mas demonstrar que há respostas filosoficamente interessantes que podem ser oferecidas para o problema do ceticismo radical. Com isso em mente, seria tão prematuro jogar a toalha para o ceticismo radical quanto seria optar por uma das propostas anticéticas e declarar vitória.

Capítulo 4
Ceticismo como modo de vida

Começamos este livro salientando uma distinção entre um ceticismo moderado, saudável, e um ceticismo radical, que tem todos os tipos de implicações desafiadoras. O primeiro é o antídoto à credulidade, na medida em que nos incita a questionar o que nos é dito, em vez de meramente aceitar acriticamente. Esse ceticismo moderado deve ser encorajado. O ceticismo se torna problemático quando escorrega para a variedade mais radical. Enquanto um ceticismo moderado escrutina afirmações particulares, um ceticismo radical é cético sobre a verdade das nossas crenças *como um todo*. Isso resulta em ramificações problemáticas, como vimos no Capítulo 1. Se todas nossas crenças estão abertas a questionamento, então por que nos comprometermos com a verdade de qualquer coisa? Além disso, uma vez que determinamos que não temos como alcançar a verdade, por que importaria saber o que é verdade? O ceticismo radical convida ao relativismo da verdade de modo que a verdade não é mais algo objetivo, mas apenas o que alguém afirma ser verdade.

E qual é a motivação do ceticismo radical? Aqueles que expressam um ceticismo radical – ou seu primo próximo, o relativismo – na vida pública raramente oferecem qualquer base teórica para se justificar. Pense, por exemplo, naqueles que questionam a autoridade da ciência, oferecem teorias da conspiração em atacado, afirmam felizes que a política atual está em uma fase de "pós-verdade", e assim por diante. Essas afirmações, que pressupõem um ceticismo radical/relativismo, não trazem consigo qualquer justificativa para suas pressuposições.

Vimos no Capítulo 1 que algumas das razões que podem ser oferecidas para o ceticismo radical são dúbias. Por exemplo, o fato inegável de que somos criaturas falíveis que às vezes estão em erro não oferece por si só uma justificativa para o ceticismo radical; de que às vezes estamos equivocados não significa que estamos sempre equivocados. Da mesma forma, dificilmente termos, se é que temos, razões para estarmos completamente certos do que cremos tampouco é uma razão para o ceticismo radical. O ponto é que o conhecimento humano não requer infalibilidade ou certeza absoluta, portanto, nossas crenças carecerem dessas características não mostra que elas deixam de constituir conhecimento.

Que o conhecimento não implica infalibilidade ou certeza absoluta é também o motivo pelo qual o ceticismo radical não resulta diretamente do fato de que não podemos descartar hipóteses céticas radicais. Lembre-se dos cenários – como o cenário BIV – em que se está radicalmente enganado sobre o mundo ao redor, mas de modo indetectável. Parece que, por definição, não podemos vir a saber que não estamos em tal situação. Mas isso por si não tem quaisquer implicações céticas radicais. Isso somente nos relembra que sempre há a possibilidade de erro, o que apenas reitera que somos criaturas falíveis – e, portanto, em justa medida, incertas.

Contudo, embora apelos à infalibilidade e à certeza absoluta não sejam motivações para o ceticismo radical, eles oferecem, sim, razões para o ceticismo moderado. Se estamos às vezes equivocados – e com frequência não estamos em posição de termos total confiança em nossas crenças –, então é claro que devemos ser cautelosos quanto às crenças que endossamos.

É precisamente por isso que encontramos um ceticismo moderado operando no método científico, porque os cientistas reconhecem que nossos meios de encontrar a verdade são imperfeitos. É também por isso que mesmo afirmações científicas bem fundamentadas são tratadas como provisórias, no sentido de estarem abertas a serem reavaliadas se novas evidências surgirem. Longe de a ciência representar uma posição dogmática sobre o mundo, o método científico de fato *incorpora* o ceticismo moderado.

O surgimento do que agora entendemos como método científico – durante o período da história conhecido como revolução científica (grosso modo, de meados do século XVI ao século XVIII) – é amplamente considerado como sendo, em grande medida, devedor da redescoberta de antigos textos céticos durante o Renascimento. Ao questionar a sabedoria transmitida do passado e, em particular, a autoridade da Igreja – frequentemente evocada como sustentáculo dessa sabedoria transmitida –, os cientistas foram capazes de descobrir importantes verdades, por exemplo, a de que o Sol não orbitava a Terra, como se suponha inicialmente (Figura 10). Contudo, curiosamente, enquanto formas radicais de ceticismo emergiram nesse período, as formas antigas de ceticismo a que nossos novos cientistas estavam respondendo nessa época estavam mais preocupadas com tipos localizados de dúvida. Ao examinarmos esse período da história, testemunhamos como um ceticismo moderado pode ser aproveitado para *aumentar* o alcance da verdade e, durante o processo, também impulsionar o progresso científico que atualmente tomamos como certo.

Dito isso, notamos no Capítulo 2 que há um argumento poderoso que pode ser oferecido em apoio ao ceticismo radical. Ele emprega as hipóteses céticas radicais, mas não reside somente no apelo a esses cenários (uma vez que ele também usa o princípio de fechamento). Também vimos no Capítulo 3 que, enquanto há respostas filosóficas a esse argumento, todas elas têm seus próprios problemas.

No entanto, significativamente, o argumento cético radical nunca é apresentado por aqueles que, na vida pública, exibem tais tendências céticas, e isso não é acidental. Uma das razões, é claro, é que aqueles que abraçam o ceticismo radical na vida pública provavelmente não estão familiarizados com as ideias filosóficas por detrás dele. Mas mesmo se estivessem cientes do paradoxo cético radical, eles ainda assim seriam imprudentes caso tentassem usá-lo para promover sua posição cética particular. Isso porque, longe de auxiliar no seu ceticismo, isso serviria para miná-lo ao expor quão radical é o escopo de sua dúvida.

Figura 10. Fé *versus* ciência. O julgamento de Galileu pela Inquisição Católica Romana, na primeira metade do século XVII, pela suposta heresia de defender o heliocentrismo, acentuou o embate entre a autoridade da Igreja e a nova ciência. Cristiano Banti, *Galileu perante a Inquisição romana* (1857).

Considere alguém que promove um ceticismo geral sobre a ciência, pensa que a mudança climática causada por humanos é uma farsa, acha que as vacinas são parte de uma conspiração global para ferir nossas crianças, e por aí vai. Como vimos antes, uma vez que o ceticismo se torna tão amplo, é difícil entender como ele poderia ser contido. Se alguém é cético sobre a ciência, então por que não ser cético sobre tudo? Do mesmo modo, pode-se pensar que um argumento que propõe mostrar que o conhecimento é impossível seria uma bênção para essa pessoa. O problema, contudo, é que é de fato importante que o cético em relação à ciência *não* generalize sua dúvida a esse ponto.

Afinal, essa pessoa quer manter que está em uma posição epistêmica privilegiada em relação a todos os demais, que ela pode ver através da conspiração pela qual todos estão sendo enganados. Mas isso significa que ela precisa creditar a si mesma um conhecimento que aos demais está faltando, e assim um ceticismo verdadeiramente radical não é seu amigo. Nosso cético em relação à ciência está tentando andar em uma espécie de corda bamba intelectual, em que ele incentiva uma forma dramática de ceticismo que, contudo, não é tão dramática ao ponto de também minar o conhecimento que, em primeiro lugar, é necessário para promover sua própria posição.

Essa corda bamba intelectual não é sustentável, como pudemos notar. Uma vez que a dúvida se torna suficientemente extensa, ela também mina os próprios fundamentos para a dúvida e, então, torna-se autodestrutiva. Isso não significa que não há o problema do ceticismo radical, somente que esse problema não deve ser compreendido como uma posição – isto é, como um ponto de vista que alguém propõe coerentemente –, mas deve ser visto como um quebra-cabeça ou um paradoxo. De todo modo, é por isso que o cético em relação à ciência (ou qualquer outra pessoa que, na vida pública, promova uma forma suficientemente geral de ceticismo) não tem nada com que se beneficiar apelando ao paradoxo cético radical para apoiar sua posição. Fazer isso apenas iria expor o quão radical é o seu ceticismo, e por isso mesmo miná-lo.

Esse ponto esclarece o modo como o ceticismo radical, quando promovido na vida pública (em vez de em uma discussão filosófica), em certo sentido é *falso*. Nosso cético em relação à ciência está feliz em levantar dúvidas que questionam a maior parte de nossas crenças, mas ao mesmo tempo tenta sustentar que seus fundamentos para essas dúvidas são totalmente confiáveis e estão além da dúvida. No entanto, isso simplesmente não é crível. Além disso, esse "jogo duplo" intelectual é evidente no modo como o cético em relação à ciência vive sua vida. Essa pessoa está frequentemente bastante contente em receber cuidados de saúde de primeiro mundo, fazer viagens de avião com a confiança de que não cairão, e por aí afora. Mas se é realmente cético em relação à ciência, então como pode agir dessa maneira?

O ponto crucial é que, uma vez que tornamos explícito o que o ceticismo radical envolve, então é difícil, senão impossível, fazer sentido alguém adotá-lo como uma posição. Como poderia fazer sentido alguém que afirma não acreditar em nada? Como pode fazer sentido o que ele faz, as coisas com as quais ele se importa – incluindo suas afirmações radicalmente céticas –, se o levarmos a sério como sendo genuinamente cético sobre tudo? É por isso que quem abraça as ideias céticas radicais na vida pública não as expressa nesses termos (embora implicitamente lide com temas céticos), uma vez que fazê-lo seria contra seus propósitos de promover seu ceticismo. Ele quer que creiamos *nele* afinal, embora não queira que acreditemos em muito mais além disso.

Interessante notar que pontos similares aplicam-se quando se trata daqueles que, na vida pública, promovem ideias relativistas sobre a verdade, na medida em que isso também envolve uma dose salutar de falsificação. Aqueles que tentam nos convencer de que a verdade objetiva não importa na vida política, por exemplo, porque não haveria uma verdade objetiva, de modo algum estão de fato desistindo de uma concepção objetiva de verdade. Você acha que a falta de preocupação com a verdade objetiva se estende a questões práticas que a eles importam? Por exemplo, você acha que eles seriam tão sanguíneos sobre o que é objetivamente verdade no caso de haver fiscais da receita federal declarando que eles não estão sujeitos à restituição de imposto de renda à qual estão habilitados? Ou se fossem falsamente acusados de um crime? É nesse sentido que seu compromisso com o relativismo é falso, uma vez que, se realmente fossem relativistas sobre a verdade, eles não considerariam nada como objetivamente verdadeiro. Assim como as pessoas que promovem ideias céticas radicais na vida pública, os relativistas estão tentando andar em uma corda bamba intelectual, pela qual eles são relativistas sobre a verdade objetiva quando lhes convêm, mas não quando não convêm. Essa posição não é mais sustentável do que a do nosso cético em relação à ciência.

Esses pontos sobre a incoerência na vida pública dos pensamentos céticos radicais e relativistas destacam algo importante. Frequentemente essas ideias são apresentadas como desafios à autoridade e, assim, como narrativas libertadoras que podem ser empregadas para minar as estruturas de poder existentes. Na verdade, a realidade é quase sempre o oposto, na medida em que essas ideias servem para apoiar estruturas de poder existentes e para mantê-las em seu lugar – a autoridade não tem o que temer. Por exemplo, se a ciência for totalmente destituída, por que deveríamos ouvir os cientistas que exigem que se faça algo em relação ao aquecimento global causado pelos humanos? Se não há uma verdade objetiva, tampouco pode ser uma questão objetiva se há injustiça na sociedade. Mas como então se poderia, consistentemente, desenvolver qualquer base política para confrontar essa injustiça?

O argumento a favor do ceticismo radical, que vimos no Capítulo 2, era poderoso porque ele não estava necessariamente ligado a uma *posição* cética radical. Antes, foi primariamente colocado como um *paradoxo* – isto é, como expondo tensões profundas no nosso próprio conceito de conhecimento. Como vimos, paradoxos podem ser apresentados com coerência sem a necessidade de alguém defender um modo particular de resolvê-los. O ceticismo radical como paradoxo é, assim, distinto do ceticismo radical como posição (uma posição vivida que é adotada por alguém). Que o último muitas vezes leve à incoerência não implica que haja algo essencialmente equivocado no primeiro.

Aqueles que, na vida pública, abraçam ideias céticas radicais e relativistas são, portanto, incapazes de legitimamente apelar ao paradoxo cético radical a favor de suas afirmações. Além disso, como também vimos no Capítulo 3, assim como um argumento pode ser apresentado a favor desse paradoxo, há respostas filosóficas que podem ser oferecidas. Seria, portanto,

Figura 11. Aristóteles. O pensador grego antigo Aristóteles apresentou um visão filosófica sistemática, com as virtudes em seu centro, que ainda é influente hoje em dia.

prematuro concluir que há um problema cético insolúvel afligindo nosso conhecimento.

A seguir, vamos colocar o ceticismo radical de lado para considerarmos como se pode argumentar positivamente a favor de um ceticismo moderado. Para essa finalidade, analisaremos uma ideia que pegamos dos antigos, em particular, de Aristóteles (384 a.C.-322 a.C.), possivelmente o maior filósofo que já viveu (Figura 11). Essa ideia diz respeito ao papel das *virtudes*, das *virtudes intelectuais* em particular, no "bem viver" do *florescimento humano*, que os gregos chamavam de *eudaimonia*. Como veremos, entender o papel que as virtudes intelectuais desempenham no bem viver nos capacitará a ver como abraçar um ceticismo moderado poderia ser necessário para viver tal vida; ao contrário de abraçar um ceticismo radical, que seria hostil a ela. Isso também ajudará a resolver uma possível tensão entre adotar uma atitude moderadamente cética e, ao mesmo tempo, viver uma vida de convicção genuína.

Virtudes e vícios intelectuais

Os filósofos são frequentemente acusados de focar em temas inteiramente abstratos, desconectados das questões prementes que nos confrontam na vida cotidiana. Contudo, isso certamente não era verdade em relação a Aristóteles, que estava preocupado em fornecer um conselho prático sobre como levar uma boa vida. Quando pensamos sobre ética na vida moderna, tendemos a igualá-la à moralidade – isto é, com o que, de modo específico, é moralmente bom (ou mau). Mas para Aristóteles, assim como para muitos filósofos antigos, ética tinha significado muito mais amplo, algo que se preocupava com a questão mais geral de como se deve viver, com o que constitui uma boa vida. A moralidade seria parte dessa vida, mas somente uma parte, de modo que há outros elementos importantes para se ter esse bem viver. Uma vida em que faltam conquistas, relacionamentos pessoais significativos ou experiência estética estaria empobrecida; mas nenhuma dessas coisas diz respeito essencialmente à moralidade. Deve-se levar em consideração outras coisas para viver uma boa vida do que apenas viver uma vida moral. É a questão ética mais ampla que Aristóteles tentou desenvolver.

Ele abordou essa questão através do papel desempenhado pelas *virtudes* na boa vida. Estas são tipos distintivos de traços de caráter – isto é, disposições que se têm para se comportar de determinados modos – particularmente admiráveis. Elas incluem traços como a coragem, a generosidade e a gentileza. As virtudes têm várias propriedades interessantes, ao menos de acordo com Aristóteles. Por exemplo, as virtudes se opõem aos vícios, que são traços de caráter que não são nada admiráveis (ao contrário, frequentemente são repreensíveis). Uma virtude situa-se entre dois vícios, um vício de excesso e um vício de deficiência. Vejamos a coragem, por exemplo. A falta de coragem – covardia – é um vício, mas alguém também pode assumir riscos excessivos e, portanto, exibir o muito diferente vício de ser precipitado ou temerário. Ser corajoso é, assim, ter um bom juízo para estar disposto a agir entre esses dois extremos, chamado por Aristóteles de *média áurea*.

Não nascemos com virtudes, mas as adquirimos por meio da prática, especialmente emulando aqueles ao nosso redor que têm esses traços admiráveis. Precisa-se aprender a ser corajoso, em oposição a ser covarde ou precipitado. E, uma vez adquirida, precisa-se cultivar essa virtude, senão ela pode ser perdida. São propriedades como essas que separam as virtudes de meras habilidades. Podemos nascer com certas habilidades (por exemplo, a habilidade programada para perceber nosso meio pelos sentidos), e pode haver habilidades que são aprendidas de modo que é improvável que sejam perdidas, não obstante sejam ou não praticadas depois do aprendizado (por exemplo, andar de bicicleta). Outra diferença importante entre habilidades e virtudes é que estas trazem consigo tipos distintivos de motivações. Alguém que tem a virtude da generosidade, por exemplo, estará genuinamente motivado para ajudar os outros. Mas agir como se possuísse essa virtude – para impressionar os pares, por exemplo – não é o mesmo que ser virtuoso. As habilidades, em contraste, frequentemente não demandam motivações desse tipo. Ser capaz de agir de modo a dar aos outros a (falsa) impressão de que se é generoso pode muito bem ser uma habilidade adquirida.

A grande diferença entre meras habilidades e virtudes é que estas têm um tipo especial de valor devido ao papel vital que desempenham em uma vida boa. Em essência, Aristóteles sustentou que a vida boa é a vida de virtude. Note que ele não está sugerindo que essa vida será boa no sentido de que ela sempre envolverá prazer em vez de dor, ou que será uma vida sem conflito ou sofrimento. Na verdade, Aristóteles supõe que todas as vidas provavelmente envolvem dor, conflito e sofrimento, no entanto, o modo de confrontar tais males é estar armado com as virtudes. Se é gentil, generoso, por exemplo, então pode-se florescer como ser humano, apesar de enfrentar certas dificuldades. Além disso, enfrentar dificuldades de modo virtuoso é muito melhor do que estar insulado delas em uma vida vazia e de prazeres sem significado. Prazer sem virtude nunca dá em boa coisa, como acho que todos nós sabemos.

Para Aristóteles, ética não se refere apenas a moralidade, e isso reflete nas próprias virtudes. Algumas delas, como gentileza e generosidade, parecem ser morais, mas outras não parecem tanto, como a coragem. O filósofo grego sustentou que ser virtuoso não simplesmente envolve saber o que é a coisa certa a fazer de um ponto de vista moral, mas também consiste em ter virtudes *intelectuais*. Afinal, como se sabe a coisa certa a fazer se, a princípio, não se tem conhecimento? As virtudes intelectuais são vitais justamente para assegurar que se é alguém que conhece.

As virtudes intelectuais incluem traços como *consciencio- sidade* e *abertura de espírito*. Elas também incluem variações intelectuais de virtudes mais gerais, como quando alguém é especificamente *corajoso intelectualmente* (pense, por exemplo, em um cientista que desenvolve uma ideia radical) ou quando alguém exibe *humildade intelectual* (em oposição à arrogância intelectual). Ser *intelectualmente consciencioso* é formar crenças analisando todas as evidências relevantes e ser capaz de, com propriedade, pesá-las para se chegar a uma decisão. É esse traço que desejaríamos em um juiz que estivesse nos julgando, por exemplo, ou para um médico que estivesse tomando uma decisão sobre se precisamos de uma operação. Essa virtude intelectual situa-se entre dois vícios intelectuais correspondentes. Por um lado, há o vício de deficiência de não se atentar às evidências para se chegar a uma decisão, mas em vez disso optar por qualquer resultado que beneficie os próprios interesses. Por outro, há o vício de excesso de ser tão atento a todas as evidências, independentemente de sua relevância para a questão que se apresenta, que a pessoa acaba ficando soterrada e incapaz de tomar uma decisão. A média áurea envolve ter a sabedoria de navegar entre esses dois extremos.

O retrato de um elemento intelectual na boa vida nos ajuda a esclarecer como o ceticismo radical seria hostil a tal vida. Ele também nos ajuda a ver o que pode ser admirável em um ceticismo localizado. Analisemos cada um desses pontos. Notamos previamente que há uma profunda incoerência em tentar adotar ativamente o ceticismo radical. Como pode fazer sentido alguém afirmar não saber nada e duvidar de tudo? Também vimos que o ceticismo radical representa um desafio existencial porque nossa incapacidade de saber qualquer coisa tornaria nossa vida absurda. O retrato aristotélico nos dá os meios para desenvolver este último ponto. A ideia de que sem conhecimento nossa vida seria absurda é uma afirmação negativa na medida em que apenas diz que algum componente essencial para uma vida significativa estaria faltando. Ela não informa sobre de que modo ter conhecimento torna nossa vida significativa (talvez ela ainda fosse absurda, mas por razões diferentes). É aqui que o relato aristotélico sobre as virtudes contribui, uma vez que oferece uma narrativa positiva sobre o que uma vida significativa envolve, uma vida que faz um uso essencial das virtudes intelectuais e, assim, do conhecimento que essas virtudes geram. Desse modo, dado que manifestar as virtudes requer conhecimento, como pode viver uma vida virtuosa alguém que duvida de tudo? Por exemplo, como alguém poderia ter o bom juízo para ser corajoso e generoso, saber qual o melhor modo de agir nesse sentido, mas viver uma vida de dúvida radical? O retrato aristotélico explica por que, se o ceticismo radical for verdadeiro, a vida de uma pessoa careceria de algo fundamental, já que a vida bem vivida, a *eudaimonia*, estaria simplesmente indisponível.

No entanto, e de modo interessante, enquanto uma vida de ceticismo radical está em conflito com as virtudes, uma atitude de ceticismo moderado parece ser autorizada por elas, particularmente pelas virtudes intelectuais. As virtudes intelectuais tendem a caracteristicamente envolver um ceticismo moderado. Afinal, ele não é parte do que se afirma ser *consciente* quando se pesam evidências, em vez de pular para conclusões? Ou em ser *mente aberta* sobre as opiniões alheias, em oposição a ser dogmático? O ceticismo moderado é frequentemente o que é indicado pela média áurea, segundo a qual o ceticismo radical representa o vício de excesso (dúvida excessiva) e o dogmatismo representa o vício de deficiência (dúvida insuficiente). A partir de uma concepção aristotélica das virtudes, e das virtudes intelectuais em particular, podemos explicar a importância do ceticismo moderado mostrando como ele conduz a uma vida de florescimento. De modo análogo, podemos também explicar o que é problemático na tentativa de viver uma vida de ceticismo radical, já que ela seria contrária a viver essa vida de florescimento. (Para reiterar nosso ponto anterior, lembre-se que, com isso, não estamos afirmando que o problema do ceticismo radical como paradoxo está resolvido. Ceticismo radical como posição e ceticismo radical como paradoxo são feras muito diferentes.)

Ceticismo pirrônico

Quão longe se pode levar a atitude cética sem que isso seja contrário a uma vida de florescimento? Como acabamos de ver, na argumentação ética aristotélica, há limites, uma vez que a atitude cética precisa ser moderada para estar em harmonia com o exercício das virtudes, especialmente as virtudes intelectuais, já que ser virtuoso é vital para viver a boa vida. Já o ceticismo radical leva ao vício (ou ao menos leva para longe da virtude), em vez de para a virtude. Mas há um tipo diferente de postura ética, também vinda dos antigos, que parece encarnar ideias céticas e, no processo, incorporar uma forma mais ampla de dúvida cética (embora, como veremos, "dúvida" possa não ser a palavra correta a se usar aqui). Trata-se do *ceticismo pirrônico*; assim como a argumentação aristotélica, ele também é uma proposta ética sobre o que constitui a vida de florescimento. Em vez de apelar às virtudes, os pirrônicos pensavam que adotar uma atitude cética era a chave para viver uma boa vida.

É difícil saber o melhor modo de entender a posição pirrô-
nica, porque é da natureza de um ceticismo vivido desse tipo
o motivo pelo qual seus adeptos não escreveram seus próprios pensamentos. (Afinal, por que um cético comprometido
faria isso?) Esse movimento recebeu o nome do antigo filósofo grego Pirro de Élis (*c.* 360 a.C.-270 a.C.), mas o que sabemos de suas ideias vem totalmente de segunda mão, sendo em
grande parte derivado da obra de Sexto Empírico (*c.* 160-*c.* 210)
e seus *Esboços pirrônicos*. Uma coisa que sabemos sobre Pirro
é que ele participou da expedição de Alexandre, o Grande, à
Índia, onde provavelmente foi exposto ao rico veio de ideias
filosóficas que estava fervilhando lá na época. Isso é significa-
tivo, uma vez que pode explicar por que o ceticismo pirrônico
parece ter uma afinidade com tradições filosóficas orientais.
Em particular, como vários comentadores apontaram, há
alguns paralelos intrigantes entre o pensamento cético pirrônico e o budismo Madhyamaka, fundado pelo filósofo indiano
Nāgārjuna (*c.* 150-*c.* 250).

Sobre os pirrônicos, sabemos que eles não estavam tentando ser céticos radicais que duvidavam de tudo. Eles reco-
nheciam que, para viver, se deve ter alguns comprometimentos,
o que temperava a extensão de seu ceticismo. Não eram nossos
juízos cotidianos espontâneos o alvo de seu ceticismo, mas as
afirmações teóricas que, ao menos parcialmente, estão disso-
ciadas da vida cotidiana.

Com isso em mente, entendemos por que os pirrônicos não
desenvolveram quaisquer afirmações deles próprios, e assim

não apresentaram nenhum argumento cético. Como vimos, justificar argumentos céticos envolve fazer algumas afirmações teóricas bastante específicas, como a afirmação do princípio de fechamento. Em vez disso, o que os pirrônicos oferecem é conhecido como *modos* [ou tropos] céticos, essencialmente técnicas projetadas para induzir a dúvida (ou suspensão do juízo – a importância dessa ressalva se tornará evidente em momento apropriado). A ideia é que, em resposta a alguém que apresenta uma afirmação teórica, pode-se empregar esses modos para se opor a elas, resultando no que engendraria uma atitude neutra (*epoché*, para os gregos). Isso, por sua vez, eventualmente levaria – ao menos se o processo fosse repetido quantas vezes fosse necessário – a um estado mental tranquilo e imperturbado (ataraxia, para os gregos). É esse tipo de quietude intelectual que os pirrônicos pensavam que constituía a boa vida, em contraste com a vida virtuosa descrita por Aristóteles. A ideia é que se precisa dominar os modos céticos, que são como habilidades direcionadas para levantar dúvidas, até atingir a tranquilidade da ataraxia.

Três desses modos céticos se tornaram particularmente tão influentes que ficaram conhecidos como Trilema de Agripa (referindo-se ao cético pirrônico Agripa – século I –, a quem se credita tê-los formulado). Essencialmente, a ideia é que, quando alguém apresenta uma afirmação teórica, pode-se rebatê-la investigando quais razões a pessoa tem a favor de sua afirmação. Parece que há somente três maneiras possíveis para essa troca se desenrolar, e nenhuma delas tornaria a proposição em questão muito convincente. Suponha primeiro que nosso interlocutor ofereça razões a favor de sua afirmação. O problema é que essas razões são elas próprias afirmações teóricas adicionais, e sendo assim se pode reaplicar os modos céticos para se perguntar o que as fundamenta. O interlocutor pode responder oferecendo razões adicionais, e, é claro, podemos também desafiar essas novas razões, e assim por diante. Ele é então pego por um *regressão infinita* na medida em que, a princípio, não há um limite para se repetir esse desafio enquanto novos fundamentos continuarem a ser oferecidos. Mas como uma regressão infinita de razões pode apoiar uma afirmação? O interlocutor poderia responder não com a oferta de um novo fundamento, mas repetindo uma razão que ofereceu previamente. O problema agora é que isso parece mostrar que seu raciocínio era circular. Mas como o raciocínio circular poderia apoiar uma afirmação? O interlocutor bem que poderia responder, em algum momento, simplesmente insistindo que não poderia oferecer quaisquer razões adicionais para o que afirma. Mas assim parece que sua afirmação definitivamente repousa sobre fundamentos sem sustentação.

Como essa poderia ser uma base racional adequada para a crença? O Trilema de Agripa seria uma maneira de mostrar que qualquer afirmação teórica que se apresenta pode, em última instância, ser revelada como sem sustentação ou estar "fundamentada" em raciocínios que são ou circulares ou que envolvem uma regressão infinita. Dessa forma, a afirmação em questão não goza de nenhuma base racional. Os modos céticos assim levam à perda de qualquer convicção que se possa ter tido na proposição inicial.

Note que os pirrônicos não concluem a partir disso que nenhuma crença teórica pode levar ao conhecimento, uma vez que ela própria seria uma afirmação teórica. É por isso que o pirronismo foi frequentemente *confrontado* com a forma de ceticismo que prevaleceu na época, o ceticismo acadêmico. Sexto Empírico descreve que o pirronismo oferece uma posição intermediária entre o dogmatismo e o ceticismo (acadêmico). Enquanto os dogmáticos insistem que temos conhecimento e o cético acadêmico afirma que nos falta conhecimento, os pirrônicos apenas mantêm que devemos continuar investigando. Isso sugere que, para esses pensadores, a ideia de uma investigação aberta é central. Assim como, na medida do possível, devemos evitar crenças definitivas e sempre estar abertos à possibilidade de erro, devemos também evitar dúvidas definitivas, pois ambas têm a tendência a fechar a investigação. Por esse viés, o pirronismo não se ocupa primariamente com a geração de dúvida, e sim com a promoção da suspensão de juízo. (De uma forma interessante, esse pensamento pirrônico está mais próximo em espírito, do que os gregos originais, da palavra "cético", que se refere mais a um investigador do que a um questionador – a ideia de que "ceticismo" é essencialmente duvidar surge mais tarde. Além disso, o termo grego *epoché*, que caracteriza a atitude neutra gerada pelos modos céticos, é usualmente traduzida como suspensão de juízo.)

Nesse modo de se pensar o pirronismo, é a atividade de engajar-se em uma investigação genuinamente aberta que é central à boa vida do florescimento humano. Essa é uma concepção de boa vida muito diferente da defendida por Aristóteles. Uma diferença-chave é que o pirronismo foca especificamente em questões intelectuais como rota para a boa vida, por meio da ênfase no tipo certo de investigação perpetuamente aberta. Em contraste, enquanto a contemplação e outros bens intelectuais são importantes para boa vida do florescimento humano no pensamento pirrônico, para Aristóteles eles são apenas uma parte da receita, na medida em que há vários outros ingredientes que também são importantes, incluindo questões morais, práticas e estéticas. É por isso que o pirronismo pode coerentemente incorporar um ceticismo mais extenso do que o argumento aristotélico, uma vez que a meta ética do pirronismo somente se ocupa de questões intelectuais. Os pirrônicos não precisam se preocupar com suas atividades céticas minarem outros aspectos de sua vida, na medida em que elas não são importantes para se viver o que consideram uma boa vida. Por outro lado, para o pensamento aristotélico é importante manter o ceticismo em xeque, porque ele milita contra a manifestação da virtude em sentido mais geral, como na capacidade de gentileza ou coragem das pessoas. O ponto central aqui é que, quanto mais rico e mais multidimensional for o modo de conceber o que é uma boa vida, mais restrições são colocadas sobre o escopo do ceticismo que possa ser compatível com ele. Ainda assim, permanece a lição de que há limites para até onde se pode ser cético e ainda assim viver uma boa vida.

Ceticismo, convicção e boa vida

Anteriormente descrevi como as virtudes intelectuais podem ser parte essencial de uma vida de florescimento, uma boa vida. Descrevi também como um ceticismo moderado pode ser visto como uma manifestação das virtudes intelectuais, diferentemente do ceticismo radical. Há ainda um quebra-cabeça importante a ser resolvido sobre como qualquer tipo de ceticismo poderia ser compatível com uma vida de florescimento. O cerne da questão é que também tratamos a *convicção* como sendo essencial para uma boa vida. Queremos que as pessoas tenham, coloquemos assim, a força de suas convicções para manter seus princípios e não simplesmente que abandonem suas crenças mais importantes ao primeiro sinal de divergência. Pode-se pelo menos argumentar que a alguém que não tenha convicção esteja faltando algo crucial para a boa vida de florescimento humano. Essa convicção não seria parte do que é manifestar a virtude de ser intelectualmente corajoso? Mas como podemos conciliar a importância da convicção para uma boa vida com o papel aparentemente oposto que descrevemos para o ceticismo moderado?

Para vermos por que esse conflito é de fato ilusório, primeiro precisamos destrinchar o que está envolvido na convicção, ao menos na medida em que é parte plausível de uma vida de florescimento. Para começar, note que não há nada particularmente elogiável em pessoas que se apegam a suas convicções, independentemente do suporte racional que tenham para suas crenças, ou mesmo se têm qualquer suporte racional para elas (Figura 12). O mero apego às próprias crenças, custe o que custar, parece ser apenas dogmatismo, e é difícil ver de que modo isso seria parte importante de uma vida de florescimento (muito menos se não tiver nada a ver com a manifestação da virtude intelectual).

De modo correlato, ao dizer que queremos que as pessoas estejam dispostas a manter suas convicções diante de divergências, o que queremos é que as pessoas não simplesmente desistam de suas convicções por causa da pressão causada por outras pessoas. Por exemplo, se alguém que sustenta pontos de vista antirracistas se vê cercado por pessoas que expressam opiniões racistas, seria frustrante se ele "seguisse o fluxo" e papagaiasse os pontos de vista racistas daqueles que o cercam. Uma razão pela qual ficaríamos desapontados é que isso evidenciaria uma disposição para mudar de ideia *ainda que nenhuma razão tenha sido dada para isso*, mas somente porque era conveniente (nesse caso, socialmente conveniente). Por outro lado, às vezes são dadas excelentes razões para se mudar de ideia, e quando isso acontece se deve mudar. Estar disposto a mudar de ideia quando boas razões são dadas para se fazê-lo não é sinal de falta de convicção, mas antes demonstra que se é racional. Isso certamente é algo que a pessoa intelectualmente virtuosa faria.

Figura 12. Convicção e razão pública. Embora queiramos que nossos líderes políticos tenham convicção, ela pode ser perigosa quando divorciada da razão e colocada em uso por um demagogo.

Do mesmo modo que acharíamos decepcionante se alguém abandonasse suas crenças somente por causa da pressão social, também acharíamos desanimador se alguém mudasse de ideia quando lhe fossem oferecidas razões muito fracas para fazê--lo. Se um indivíduo formou suas crenças apropriadamente e, portanto, possui boas razões que as apoiem, então não deve mudar de ideia ao primeiro sinal de um argumento contrário ao seu ponto de vista, não importa quão frágil possa ser. Se realmente pensamos no motivo pelo qual estamos convencidos sobre certo assunto, então devemos ser capazes de refutar contraevidências fracas, caso elas sejam apresentadas – por exemplo, se alguém oferece uma justificativa manifestamente implausível para seu ponto de vista oposto. Segue-se que não há razão intrínseca para que alguém convicto de suas crenças não esteja disposto a ouvir evidências contrárias aos seus pontos de vista.

Na medida em que a convicção é elogiável, e assim é o tipo de coisa que pode pertencer à boa vida de florescimento humano, então deve ser fundamentada em razões e estar aberta a evidências contrárias. Chame isso de *convicção razoável*. Podemos assim deixar de lado convicções não razoáveis que são meramente dogmáticas – convicções que não são fundamentadas em razões, ou que estão fechadas para evidências contrárias (ou ambas). A convicção razoável parece ser parte de uma vida intelectualmente virtuosa. Parece ser inteiramente compatível com se abraçar o ceticismo moderado que vimos anteriormente, que requer que se seja adequadamente sensível a razões. Do modo como acabamos de descrever, isso é precisamente o que uma convicção razoável envolve.

Mesmo com o escopo da convicção restrito, há ainda um quebra-cabeça. Se um indivíduo realmente pensou nas questões e chegou a certa conclusão, então isso não significa que a questão está resolvida? Se sim, então por que deveria considerar as evidências contrárias? E se não estiver resolvida, isso não significa dizer que a convicção era injustificada? Se alguém considera ter suporte racional impecável para uma afirmação particular, então essa já não é em si uma boa razão para considerar enganosa qualquer evidência contra essa afirmação? E se alguém leva essa evidência contrária a sério, isso não significa rebaixar a sua própria convicção? Afinal, se responder seriamente a essa evidência contrária não implica em rebaixar a convicção, então não significa que não a está levando a sério, mas antes está (talvez secretamente) adotando uma posição dogmática?

Podemos trazer esse ponto à tona considerando casos de desacordo. Imagine que você tem um certo ponto de vista político, uma posição sobre a qual pensou sensatamente por bastante tempo. Suponha que está sendo agora confrontado por um grupo de pessoas que também pensou sobre essas questões, mas que chegou à posição exatamente oposta à sua. Uma vez que também contemplaram minuciosamente essas questões, essas pessoas são capazes de ordenar seus próprios contra-argumentos, que não são obviamente defeituosos. Como você responderia? Em particular, o que ter uma convicção sensata de seus pontos de vista demanda de você?

Pode-se pensar que ter uma convicção sensata significa estar indisposto a nem mesmo considerar esses contra-argumentos. Você já pensou sobre essa questão e chegou a uma conclusão. A questão, assim, está resolvida para você. Mas como notamos anteriormente, esse tipo de resposta parece ser dogmática.

Afinal, não podem pessoas sensatas chegar a conclusões muito diferentes, especialmente no que diz respeito a assuntos controversos, como política? Se sim, esse não seria um motivo para demonstrar um pouco de *humildade* e não estar tão seguro das próprias opiniões? Mas isso parece sugerir que a alternativa de se manter firme diante do desacordo é diminuir a confiança nas próprias crenças. Então, de que modo isso concede algum espaço intelectual para a convicção sensata?

Podemos dar maior relevância a essa questão caracterizando-a como um aparente conflito entre a virtude intelectual e a convicção. Como notamos, ambas parecem ser importantes para a boa vida do florescimento humano. Isso porque a *humildade intelectual* em si parece ser uma virtude intelectual importante, que está intimamente relacionada ao ceticismo moderado, visto antes, e que plausivelmente é parte de uma vida virtuosa. A falta de humildade intelectual não é arrogância intelectual ou dogmatismo? Uma pessoa que abraçou o ceticismo moderado que propusemos não estaria inclinada a ser intelectualmente humilde em suas opiniões, em vez de intelectualmente arrogante? Quando em face de desacordos com pessoas aparentemente sensatas, ela não estaria disposta a não somente se engajar racionalmente com essas pessoas, mas também a diminuir a confiança em suas próprias opiniões, ao menos temporariamente? Pode-se pensar que a humildade intelectual é rebaixar a avaliação das próprias habilidades e conquistas intelectuais, de modo que, em vez de considerar que sabe tudo, a pessoa se trata como sendo um agente altamente falível com uma apreensão imperfeita da verdade e, assim, disposta a aprender com os outros ao redor. Nessa concepção de humildade intelectual, em uma vida virtuosa haveria lugar possível para a convicção?

Pode-se resistir a essa tensão aparente entre a humildade intelectual como virtude intelectual e a convicção, mas para isso precisamos entender exatamente como essa humildade intelectual se caracteriza. O equívoco apontado antes é ter tratado essa virtude como sendo inteiramente focada no interior. O que quero dizer com isso é que o argumento da humildade intelectual diz respeito a como alguém avalia a si mesmo de um ponto de vista intelectual.

Acabamos de expressar esse ponto afirmando que ser intelectualmente humilde envolve, na realidade, ter uma concepção imprecisa (ao menos em potência) das próprias habilidades e conquistas intelectuais, tal que elas são consideradas menos impressionantes do que podem de fato ser. Isso pode parecer atraente a princípio – as pessoas humildes em geral não têm a concepção de suas habilidades e conquistas diminuída? Refletindo, porém, deve ficar claro que esta pode não ser a maneira correta de pensar a humildade, seja intelectual ou não. Se fosse correta, então isso significaria que ter uma concepção precisa das próprias habilidades e conquistas seria um vício. Aplicado à humildade em geral isso é um quebra-cabeça, mas aplicado à humildade intelectual isso é simplesmente bizarro. Lembre-se que as virtudes intelectuais dizem respeito à excelência em questões intelectuais. Dessa forma, como elas poderiam requerer falta de precisão acerca das próprias crenças?

Levando esse ponto adiante, pode-se ficar tentado a argumentar que, pelo contrário, a questão central não é que devemos ter uma avaliação rebaixada das nossas próprias habilidades e conquistas intelectuais, mas que devemos, em vez disso, abraçar as demasiadamente humanas falhas intelectuais, a própria falibilidade, por exemplo. Às vezes, isso é chamado de "reconhecer as próprias limitações". Isso evita o problema de uma virtude intelectual requerer falta de precisão, mas enfrenta problemas próprios, novamente resultantes da natureza interna da proposta. Imagine alguém que é claramente superior intelectualmente a todos que estão à sua volta – mais inteligente, menos sujeito a errar, e por aí afora. Além disso, a pessoa não somente é intelectualmente superior, mas também sabe muito bem que é superior. Se a humildade intelectual for somente questão de reconhecer as próprias limitações intelectuais, e as próprias limitações intelectuais forem bem menores do que as dos outros, então o que haveria de errado de a pessoa agir de modo intelectualmente superior com relação àquelas ao seu redor? Por exemplo, o que haveria de errado de essa pessoa desconsiderar os pontos de vista das outras pessoas e as razões que elas podem oferecer a favor de suas afirmações? Parece que nessa concepção de humildade intelectual esse comportamento seria inteiramente compatível com ter humildade intelectual.

O cerne da questão é que precisamos pensar na humildade intelectual em termos voltados *para fora* (direcionado para o *outro*), em vez de em termos voltados para dentro (ou auto-dirigidos). O que quero dizer com isso é que em vez de essa virtude ser focada em como consideramos nossas próprias habilidades e conquistas intelectuais, ela deveria ser orientada para como tratamos o outro. Ou seja, o que faz alguém ser intelectualmente humilde é o modo respeitoso pelo qual engaja-se intelectualmente com as outras pessoas: se está disposto a escutar pontos de vista alternativos, a explicar as razões para as próprias opiniões, a debater racionalmente os assuntos, e assim por diante. Ainda que ter uma concepção precisa das próprias habilidades e conquistas intelectuais, e assim reconhecer as próprias limitações, pode muito bem ser algo que uma pessoa intelectualmente virtuosa deva ter, não é isso que fundamenta a humildade intelectual, antes é se ela demonstra esse respeito intelectual pelos outros.

Uma vez que entendemos que esse é o modo certo de se pensar sobre a humildade intelectual, então o aparente conflito entre agir conforme as demandas dessa virtude intelectual e a convicção razoável desaparece. Suponha que uma pessoa pensou detalhadamente sobre as questões por trás de seus pontos de vista e é confrontada por alguém que tem pontos de vista opostos, mas que claramente não pensou muito em sua própria posição. Ser intelectualmente humilde não significa que não se pode manter a confiança nas próprias opiniões mesmo quando confrontado com esse desacordo. Significa, contudo, que se deve ser intelectualmente respeitoso com relação a outra pessoa e suas opiniões. Devemos estar dispostos a discutir nossas opiniões, explicar nossa posição, por exemplo.

Pode-se suspeitar dessa proposta pela seguinte razão. Se não se está realmente persuadido do ponto de vista oposto, então o engajamento nessa posição não seria um tipo de teatro, como se a pessoa fingisse levar sua posição a sério quando de fato não leva? Note que se a pessoa estiver atuando, então isso *não poderia ser* uma manifestação de humildade intelectual. Lembre-se que as virtudes intelectuais, assim como as virtudes mais gerais, são fundamentadas em motivações virtuosas. Recorde-se que meramente agir como se se fosse generoso – porque a pessoa gosta de receber a admiração dos outros – não é suficiente para manifestar a virtude da generosidade. Além disso, é importante que a ação da pessoa de modo generoso seja enraizada nas motivações corretas, como a preocupação com os outros. Disso segue-se que, para manifestar a virtude da humildade intelectual, não basta agir *como se* fosse intelectualmente humilde. Antes, ser intelectualmente humilde envolve comportar-se de modo que genuinamente reflita a preocupação com os outros, e não pode haver teatro envolvido nisso.

A humildade intelectual ser compatível com a convicção sensata é algo crucial para o mundo moderno. Precisamos de virtudes intelectuais se queremos ser seres humanos de florescimento, e, como vimos, abraçar um ceticismo moderado é parte da vida intelectualmente virtuosa. Mas também precisamos de convicção sensata. Nem todos os pontos de vista estão em um mesmo patamar de racionalidade, isso significa que os intelectualmente virtuosos devem estar dispostos a defender suas opiniões quando necessário, e não simplesmente ceder diante do desacordo. Especialmente quando se trata da vida pública – da defesa das instituições políticas, da autoridade da ciência, por exemplo –, precisamos da virtude da coragem intelectual. O que também é vital, no entanto, é que manifestemos essa coragem intelectual de modo que sejamos respeitosos com os outros, e isso requer a virtude da humildade intelectual.

Se a virtude intelectual demanda ceder diante do desacordo, então haveria um problema. Uma vez que começamos a ceder dessa maneira, então pode-se facilmente ver como um ceticismo moderado pode colapsar no ceticismo radical que, como vimos anteriormente, tem consequências sociais perniciosas. Se estivermos dispostos a diminuir nossa confiança em nossos pontos de vista desse jeito, embora a evidência não justifique essa desconfiança, então por que confiaríamos em qualquer uma de nossas crenças? O caminho para um ceticismo radical, que convida ao relativismo sobre a verdade – do tipo que não mais nos importamos com o que é realmente verdade, estaria aberto.

Mas a escolha entre a convicção intelectual e a virtude intelectual, as virtudes de um ceticismo moderado em particular, é falsa. Podemos ter ambas as coisas. Isso significa que podemos incorporar esse ceticismo moderado em nossa vida de modo intelectualmente virtuoso, sem que isso signifique que temos, no processo, de perder a força de nossas convicções.

Capítulo 1: O que é ceticismo?

Para uma introdução à teoria do conhecimento que não pressupõe qualquer conhecimento prévio do assunto, consulte meu livro introdutório, *What is This Thing Called Knowledge?* (4. ed., Londres: Routledge, 2018). Os capítulos 1 e 18 a 20 são particularmente relevantes para as questões abordadas neste capítulo. Ver também Jennifer Nagel, *Knowledge: a Very Short Introduction* (Oxford: Oxford University Press, 2014). Para uma visão geral do conhecimento analisada com um pouco mais de profundidade, ver meu *Epistemology* (Londres: Palgrave Mcmillan, 2016). Para uma introdução muito acessível ao problema do ceticismo, incluindo sua história, ver Neil Gascoigen, *Scepticism* (Londres: Acumen, 2002); Allan Hazlett, *Critical Introduction to Scepticism* (Londres: Bloomsbury, 2014).

Para introdução a algumas das questões relativas à verdade, inclusive os perigos de se adotar uma abordagem relativista da verdade, ver Simon Blackburn, *Truth: a Guide* (Oxford:

Oxford University Press, 2007). Ver também: Michael Lynch, *True to Life: Why Truth Matters* (Cambridge: MIT Press, 2005); Paul Boghossian, *Fear of Knowledge: against Relativism and Constructivism* (Oxford: Oxford University Press, 2007). O leitor também pode achar útil o trabalho seminal de Harry Frankfurt sobre besteira e o que a torna tão problemática, *On Bullshit* (Princeton: Princeton University Press, 2005; ed. bras.: *Sobre falar merda*; Rio de Janeiro: Intríseca, 2005). Para uma visão abrangente da literatura filosófica sobre relativismo – o leitor deve notar que se estende para muito além do tipo específico de relativismo sobre a verdade que examinamos neste livro – ver o verbete "Relativism", de Maria Baghramian e Adam Carter, em *Stanford Encyclopedia of Philosophy*, editador por E. Zalta (disponível em: https://plato.stanford.edu/entries/relativism; [acesso em: 11 jan. 2024]).

Para um relato excelente e altamente envolvente do uso e abusos da ciência e, portanto, por que o método científico é tão importante, ver Ben Goldacre, *Bad Science* (Londres: Fourth Estate, 2008; ed. bras.: *Ciência picareta*; trad. Renato Rezende; São Paulo: Civilização Brasileira, 2013). Para uma discussão útil sobre nossa falibilidade e suas ramificações epistemológicas, ver o verbete "Fallibilism", de Stephen Hetherington, em *Internet Encyclopedia of Philosophy*, editada por J. Fieser e B. Dowden (disponível em: https://www.iep.utm.edu/fallibil; [acesso em: 11 jan. 2024]). Ver também a discussão de Baron Reed sobre a certeza e sua relevância para a epistemologia em seu verbete "Certainty", em *Stanford Encyclopedia of Philosophy*, editado por E. Zalta (disponível em: https://plato.stanford.edu/entries/certainty; [acesso em: 11 jan. 2024]).

Para saber mais sobre a noção de razão epistêmica e, de maneira mais geral, como razões importam na epistemologia, ver o verbete "Reasons in Epistemology", Kurt Sylvan, em *Oxford Bibliographies: Philosophy*, editado por D. H. Pritchard (DOI: 10.1093/OBO/9780195396577-0183). Para um tratamento acessível de como se pode aplicar a epistemologia a questões práticas – como identificar uma teoria da conspiração, ou como determinar em quais "especialistas" devemos acreditar –, ver David Coady, *What to Believe Now: Applying Epistemology to Contemporary Issues* (Oxford: Wiley-Blackwell, 2012). Ver também os verbetes reunidos na nova edição de David Coady e James Chase, *The Routledge Handbook to Applied Epistemology* (Londres: Routledge, 2018). A parte quatro do meu manual de introdução à epistemologia, *What is This Thing Called Knowledge?* (4. ed., Londres: Routledge, 2018), oferece uma discussão acessível de diversos tópicos em epistemologia "aplicada", incluindo capítulos sobre a epistemologia da educação, da política, do direito e da tecnologia. Para um trabalho contemporâneo interessante e acessível que combina ideias céticas, epistemológicas e políticas, ver Michael Lynch, *In Praise of Reason* (Cambridge: MIT Press, 2012).

Para uma discussão clássica sobre o absurdo, ver artigo "The Absurd", de Thomas Nagel, em *Journal of Philosophy*, n.68, 1971, p.716-727. Para uma abordagem existencialista sobre o absurdo, ver o famoso ensaio de Albert Camus

"O mito de Sísifo" (1942; ed. bras.: *O mito de Sísifo*; trad. Ari Roitman e Paulina Watch; Rio de Janeiro: Record, 2018). Uma boa tradução para o inglês do ensaio de Camus, consulte *The Myth of Sisyphus and Other Essays* (trad. Justin O'Brien; Londres: Vintage, 1991). Para uma reviravolta epistemológica, que traz o problema de ceticismo radical, ver meu "Absurdity, *Angst* and The Meaning of Life", em *Monist*, v.93, n.1, 2010, p.3-16.

Capítulo 2: O conhecimento é impossível?

Para uma introdução acessível ao problema do ceticismo radical, ver o capítulo 6 do meu livro sobre epistemologia, *Epistemology* (Londres: Palgrave Macmillan, 2016). Para uma visão geral muito mais detalhada da literatura sobre ceticismo radical, ver verbete de Peter Klein, "Skepticism", em *Stanford Encyclopedia of Philosophy*, editada por E. Zalta (disponível em: https://plato.stanford.edu/entries/skepticism; [acesso em: 11 jan. 2024]). John Cottingham tem uma boa tradução contemporânea da obra de Descartes, *Meditations on First Philosophy* (Cambridge: Cambridge University Press, 1996; ed. bras.: *Meditações sobre filosofia primeira*; trad. Fausto Castilho; Campinas: Editora da Unicamp, 2004). Para um comentário influente sobre o ceticismo de Descartes, ver: Bernard Williams, *Descartes: The Project of Pure Enquiry* (Londres: Penguin, 1978); e o artigo de Steven Luper, "Cartesian Skepticism", em *Routledge Companion to Epistemology*, editado por

S. Bernecker e D. H. Pritchard (Londres: Routledge, 2010, p.414-424). Para uma discussão matizada sobre a epistemologia de Descartes de forma mais geral, ver artigo "René Descartes", de Stephen Gaukroger, em *Routledge Companion to Epistemology*, editado por S. Bernecker e D. H. Pritchard (Londres: Routledge, 2010, p.678-686). A metáfora da falta de "médicos" na cidade de Nova York está no capítulo 2 do livro seminal de Barry Stroud, *The Significance of Philosophical Scepticism* (Oxford: Oxford University Press, 1984; ed. bras.: *A significação do ceticismo filosófico*; São Paulo: Scientiae Studia, 2020), cuja leitura vale muito a pena devido ao seu relato simpático, historicamente embasado e altamente influente do ceticismo cartesiano. Para uma abrangente antologia histórica de escritos sobre ceticismo, ver Richard Popkin e J. R. Maia Neto (ed.), *Skepticism: an Anthology* (Amherst: Prometheus Books, 2007). Para uma antologia contemporânea de escritos céticos, com úteis comentários, ver Keith DeRose e Ted Warfield, *Skepticism: a Contemporary Reader* (Oxford: Oxford University Press, 1999). Para uma excelente coleção recente de artigos sobre ceticismo, incluindo sua história, ver Diego Machuca e Baron Reed (ed.), *Skepticism: from Antiquity to the Present* (Londres: Bloomsbury, 2018).

Para um relato aprofundado da estrutura dos argumentos céticos, ver a primeira parte da minha recente monografia dedicada ao ceticismo radical, *Epistemic Angst: Radical Skepticism and the Groundlessness of Our Believing* (Princeton: Princeton University Press, 2015). Para saber mais sobre o princípio do fechamento, consulte o verbete de Steven Luper, "Epistemic Closure", em *Stanford Encyclopedia of Philosophy*, editada por E. Zalta (disponível em: https://plato.stanford. edu/entries/closure-epistemic; [acesso em: 11 jan. 2024]). Ver também o verbete "Epistemic Closure Principles", de John Collins, em *Internet Encyclopedia of Philosophy*, organizada por J. Fieser e B. Dowden (disponível em: https://www.iep.utm. edu/epis-clo; [acesso em: 11 jan. 2024]). A ideia de que há algo de incoerente em negar um caso de fechamento – chamada de proferir uma "abominável conjunção" – pode ser encontrada no artigo de Keith DeRose, "Solving the Skeptical Problem", *Philosophical Review*, v.104, 1995, p.1-52.

Se quiser ler mais sobre paradoxos filosóficos, um ótimo livro para começar é o de Mark Sainsbury, *Paradoxes* (3. ed., Cambridge: Cambridge University Press, 2009). Para uma divertida coleção de discussões filosóficas do filme *Matrix*, que é provavelmente o mais próximo que Hollywood chegou de apresentar um cenário cético radical ao estilo BIV, ver Christopher Grau, *Philosophers Explore the Matrix* (Oxford: Oxford University Press, 2005). Para mais a respeito de temas céticos no cinema *mainstream*, ver Philipp Schmerheim, *Skepticism Films: Knowing and Doubting the World in Contemporary Cinema* (Londres: Bloomsbury, 2015). Para um livro mais exigente, e também brilhante, ver Stanley Cavell, *Disowning Knowledge: in Seven Plays of Shakespeare* (2. ed., Cambridge: Cambridge University Press, 2003; ed. port.: *O repúdio do conhecimento: em sete peças de Shakespeare*; Ribeirão: Edições

Humus, 2000), que é uma discussão fascinante de temas céticos presentes nas peças de Shakespeare.

Capítulo 3: Defendendo o conhecimento

Os dois principais artigos nos quais G. E. Moore apresenta sua resposta ao ceticismo radical são: "A Defence of Common Sense", em *Contemporary British Philosophy*, organizado por J. H. Muirhead (Londres: Allen & Unwin, 1925); e "Proof of an External World", *Proceedings of the British Academy*, v.25, 1939, p.273-300. Observe que o problema cético com o qual Moore está lidando é bastante diferente de como nós o formulamos aqui, por exemplo, ele nunca discute BIVs ou o princípio do fechamento. As preocupações de Moore não são especificamente sobre o ceticismo radical, pois ele também estava interessado em argumentar contra o *idealismo*, uma visão bastante relacionada ao tema. Esta é a ideia de que o mundo exterior, ao menos tal como o caracterizamos, não existe. Os argumentos a favor do idealismo e do ceticismo do mundo externo costumam ser muito semelhantes, mas é importante entender que são teses distintas. O cético do mundo exterior não está dizendo que o mundo exterior não existe, mas apenas que não podemos saber qualquer coisa a respeito dele. Para saber mais sobre idealismo, ver o excelente artigo "Idealism" (2015), de Paul Guyer e Rolf-Peter Horstmann, em *Stanford Encyclopedia of Philosophy*, editada por E. Zalta (disponível em: https://plato.stanford.edu/entries/idealism; [acesso em: 11 jan.

2024]). Para uma discussão geral sobre a abordagem de Moore ao ceticismo baseada no senso comum, ver artigo de Noah Lemos, "Moore and Skepticism", em *Oxford Handbook of Skepticism*, organizado por J. Greco (Oxford: Oxford University Press, 2008, p.330-347). Para uma defesa da abordagem mais geral do senso comum na filosofia, inclusive como aparece no trabalho de Thomas Reid, ver o livro de Noah Lemos, *Common Sense: a Contemporary Defense* (Cambridge: Cambridge University Press, 2004). Para saber mais sobre a epistemologia de Reid em particular, ver Ryan Nichols, "Thomas Reid", em *Routledge Companion to Epistemology*, editado por S. Bernecker e D. H. Pritchard (Londres: Routledge, 2010, p.717-729). Se estiver interessado em uma maneira de pensar sobre o conhecimento cotidiano de modo a poder conhecer as negações das hipóteses céticas radicais (em espírito mooreano de um modo amplo), ver minha recente monografia, *Epistemological Disjunctivism* (Oxford: Oxford University Press, 2012). Este livro, por sua vez, desenvolve uma proposta feita por John McDowell – ver, por exemplo, seu artigo "Knowledge and the Internal", *Philosophy and Phenomenological Research*, v.55, 1995, p.877-893. Para uma defesa bem diferente (mas ainda amplamente mooreana) do conhecimento de negações das hipóteses céticas radicais, ver o livro de John Greco, *Putting Skeptics in Their Place: The Nature of Skeptical Arguments and Their Role in Philosophical Inquiry* (Cambridge: Cambridge University Press, 2000).

Para algumas das principais defesas de uma resposta contextualista ao ceticismo radical, ver: Keith DeRose, "Solving the Skeptical Problem", *Philosophical Review*, v.104, 1995, p.1-52; David Lewis, "Elusive Knowledge", *Australasian Journal of Philosophy*, v.74, 1996, p.549-567; e Stewart Cohen, "Contextualism and Skepticism", *Philosophical Issues*, v.10, 2000, p.94-107. Há também uma versão muito interessante sobre contextualismo apresentada por Ram Neta que muda o foco do conhecimento para a evidência, ver seus artigos: "S Knows that P", *Noûs*, v.36, 2002, p.663-689; e "Contextualism and the Problem of the External World", *Philosophy and Phenomenological Research*, v.66, 2003, p.1-31. Para uma visão geral do trabalho recente sobre contextualismo e ceticismo, ver o artigo de Patrick Rysiew, "Contextualism", em *Routledge Companion to Epistemology*, editado por S. Bernecker e D. H. Pritchard (Londres: Routledge, 2010, p.523-535). Se quiser saber mais sobre as questões filosóficas levantadas pelos indexicais (que vão muito além de sua possível importância para o contextualismo), ver o verbete "Indexicals" (2015), de David Braun, em *Stanford Encyclopedia of Philosophy*, editada por E. Zalta (disponível em: https://plato.stanford.edu/entries/indexicals; [acesso em: 11 jan. 2024]).

Os cadernos que compõem *Sobre a certeza*, de Wittgenstein, foram organizados por G. E. M. Anscombe e G. H. von Wright, tradução de D. Paul e G. E. M. Anscombe (Oxford: Blackwell, 1969; ed. port.: *Da certeza*. Lisboa: Edições 70, 2012; ed. bras.: *Sobre a certeza*. São Paulo: Fósforo, 2023). As citações deste capítulo foram tiradas dessa tradução (parág. 341-343 e 125, respectivamente). Tal como acontece com

Moore, note que a caracterização do problema cético feita por Wittgenstein é um pouco diferente de como o caracterizamos, especialmente porque não há menção aos BIVs ou ao princípio de fechamento. Observe também que, como se trata de cadernos que Wittgenstein não editou nem pretendeu publicar, eles estão abertos a diversas interpretações. A interpretação de Wittgenstein que apresento aqui é de minha autoria – para mais detalhes, ver especialmente a segunda parte do meu *Epistemic Angst: Radical Skepticism and the Groundlessness of Our Believing* (Princeton: Princeton University Press, 2015). Observe que afirmo neste trabalho que minha interpretação de Wittgenstein tem os recursos para preservar o princípio do fechamento e, ao mesmo tempo, evitar o quebra-cabeça cético radical. Há uma literatura abundante a respeito do argumento wittgensteiniano sobre o ceticismo de *Da certeza*. Para algumas discussões-chave a esse respeito, ver: Marie McGinn, *Sense and Certainty: a Dissolution of Scepticism* (Oxford: Blackwell, 1989); Michael Williams, *Unnatural Doubts: Epistemological Realism and the Basis of Scepticism* (Oxford: Blackwell, 1991); Daniele Moyal-Sharrock, *Understanding Wittgenstein's On Certainty* (Londres: Palgrave Macmillan, 2004); Annalisa Coliva, *Extended Rationality: a Hinge Epistemology* (Londres: Palgrave Macmillan, 2015); e Genia Schönbaumsfeld, *The Illusion of Doubt* (Oxford: Oxford University Press, 2016). Ver também Annalisa Coliva, *Moore and Wittgenstein: Scepticism, Certainty, and Common Sense* (Londres: Palgrave Macmillan,

2010), que contrasta especificamente as respostas mooreanas e wittgensteinianas com o ceticismo radical. Para um levantamento dos trabalhos recentes sobre a epistemologia de Wittgenstein e sua resposta ao ceticismo radical, ver meu artigo, "Wittgenstein on Hinge Commitments and Radical Scepticism in *On Certainty*", em *Blackwell Companion to Wittgenstein*, editado por H.-J. Glock e J. Hyman (Oxford: Blackwell, 2017, p.563-575).

Para duas razões influentes para negar o princípio do fechamento – embora muito diferentes da razão wittgensteiniana descrita aqui –, ver o artigo de Fred Dretske, "Epistemic Operators", *Journal of Philosophy*, v.67, 1970, p.1007-1023, e a parte 3 do livro de Robert Nozick, *Philosophical Explanations* (Oxford: Oxford University Press, 1981). Para uma discussão crítica da forma de negar o princípio de fechamento, há uma troca de informações entre Fred Dretske e John Hawthorne na parte 2 de *Contemporary Debates in Epistemology*, editado por E. Sosa e M. Steup (Oxford: Blackwell, 2005, p.13-46), em que Dretske argumenta contra o fechamento, Hawthorne argumenta a favor, e Dretske responde a Hawthorne.

Capítulo 4: Ceticismo como modo de vida

A principal obra em que Aristóteles desenvolve suas visões éticas e, portanto, discute as virtudes – incluindo as virtudes intelectuais – é a *Ética a Nicômaco*. Há uma excelente edição de Terence Irwin (2. ed., Indianapolis: Hackett, 1999; ed.

bras.: *Ética a Nicômaco*; São Paulo: Madamu, 2021). Para uma visão geral da ética de Aristóteles, ver o verbete de Richard Kraut, "Aristotle's Ethics" (2018), em *Stanford Encyclopedia of Philosophy*, editado por E. Zalta (disponível em https:// plato.stanford.edu/entries/aristotle-ethics; [acesso em: 11 jan. 2024]). Para um importante trabalho ético contemporâneo que incorpora a ideia antiga de preocupações éticas como muito mais amplas do que a moralidade, ver o livro de Bernard Williams, *Ethics and the Limits of Philosophy* (Cambridge: Harvard University Press, 1985). Para uma visão geral da epistemologia de Aristóteles, ver o artigo de Richard Patterson, "Aristotle", em *Routledge Companion to Epistemology*, editado por S. Bernecker e D. H. Pritchard (Londres: Routledge, 2010, p.666-677). Para uma defesa contemporânea de um argumento aristotélico das virtudes intelectuais, ver o importante livro de Linda Zagzebski, *Virtues of the Mind: an Inquiry into the Nature of Virtue and the Ethical Foundations of Knowledge* (Cambridge: Cambridge University Press, 1995). Para outras recentes e influentes defesas do papel das virtudes no conhecimento, ver: os livros de Ernest Sosa, *A Virtue Epistemology: Apt Belief and Reflective Knowledge* (Oxford: Oxford University Press, 2007) e *Reflective Knowledge: Apt Belief and Reflective Knowledge* (Oxford: Oxford University Press, 2009); e John Greco, *Achieving Knowledge: a Virtue-Theoretic Account of Epistemic Normativity* (Cambridge: Cambridge University Press, 2010). Para uma útil visão geral sobre a epistemologia da virtude, ver o artigo de Jonathan Kvanvig, "Virtue

Epistemology", em *Routledge Companion to Epistemology*, editado por S. Bernecker e D. H. Pritchard (Londres: Routledge, 2010, p.199-207). Para um levantamento do trabalho sobre as virtudes intelectuais em particular, ver o artigo de Heather Battaly, "Intellectual Virtues", em *Handbook of Virtue Ethics*, editado por S. van Hooft (Londres: Acumen, 2014, p.177-187; ed. bras.: *Ética da virtude*; trad. Fábio Creder; Petrópolis: Vozes, 2013). Para um recente relato sistemático a respeito das virtudes intelectuais, ver Jason Baehr, *The Inquiring Mind: on Intellectual Virtues and Virtue Epistemology* (Oxford: Oxford University Press, 2011). Para uma discussão contemporânea sobre o papel do vício intelectual em ambientes políticos, ver o livro de Quassim Cassam, *Vices of the Mind: From the Intellectual to the Political* (Oxford: Oxford University Press, 2019).

Para uma edição contemporânea de *Outlines of Pyrrhonism*, de Sexto Empírico, ver a versão editada por R. G. Bury (Amherst: Prometheus Books, 1990). Para mais informações sobre Sexto Empírico, ver o verbete de Benjamin Morison, "Sextus Empiricus" (2014), em *Stanford Encyclopedia of Philosophy*, editada por E. Zalta (disponível em: https://plato.stanford.edu/entries/sextus-empiricus; [acesso em: 11 jan. 2024]). Para uma visão geral do ceticismo pirrônico, consulte o artigo de Richard Bett, "Phyrrhonian Skepticism" em *Routledge Companion to Epistemology*, editador por S. Bernecker e D. H. Pritchard, capítulo 37 (Londres: Routledge, 2010). Para uma defesa recente da ideia de que o pirronismo deve ser interpretado como um tipo de investigação aberta, ver o livro de

Casey Perin, *The Demands of Reason: an Essay on Pyrrhonian Skepticism* (Oxford: Oxford University Press, 2012). Para uma discussão mais aprofundada da questão (exegeticamente controversa) de como compreender o foco do ceticismo pirrônico e, em particular, até que ponto ele exclui crenças cotidianas, ver: Myles Burnyeat, "Can the Skeptic Live his Skepticism?", em *Doubt and Dogmatism: Studies in Hellenistic Epistemology*, editado por J. Barnes, M. Burnyeat e M. Schofield, capítulo 3 (Oxford: Clarendon Press, 1980); Jonathan Barnes, "The Beliefs of a Pyrrhonist", *Proceedings of the Cambridge Philological Society*, v.208, 1982, p.1-29; e Michael Frede, "The Sceptic's Two Kinds of Assent and the Question of the Possibility of Knowledge", em *Philosophy in History: Essays on the Historiography of Philosophy*, editador por R. Rorty, J. B. Schneewind e Q. Skinner, capítulo 11 (Cambridge: Cambridge University Press, 1984). Para saber mais sobre Pirro de Élis, ver o verbete de Richard Bett, "Pyrrho", em *Stanford Encyclopedia of Philosophy*, editada por E. Zalta (disponível em: https://plato.stanford.edu/entries/pyrrho; [acesso em: 11 jan. 2024]). Para saber mais sobre as conexões entre as práticas céticas pirrônicas e o budismo Madhyamaka, consulte o livro de Christopher Beckwith, *Greek Buddha: Pyrrho's Encounter with Early Buddhism in Central Asia* (Princeton: Princeton University Press, 2015), e o artigo de Robin Brons, "Life Without Belief: a Madhyamaka Defence of the Liveability of Pyrrhonism", em *Philosophy East and West*, v.68, 2018, p.329-351. Se quiser saber mais sobre o budismo Madhyamaka, consulte o verbete de Dan Arnold, "Madhyamaka Buddhist Philosophy", em *Internet Encyclopedia of Philosophy*, editada por J. Fieser e B. Dowden (disponível em: https://www.iep.utm.edu/b-madhya; [acesso em: 11 jan. 2024]).

Para o clássico relato histórico do papel do ceticismo na revolução científica, veja o magistral e altamente influente livro de Richard Popkin, *The History of Scepticism: From Savonarola to Bayle* (Oxford: Oxford University Press, 2003). Para entender as motivações distintas dos antigos filósofos gregos, nada melhor do que consultar o relato fluente de Pierre Hadot, *What is Ancient Philosophy?*, tradução de M. Chase (Cambridge: Belknap Press, 2002; ed. bras.: *O que é a filosofia antiga?*; Rio de Janeiro: Edições Loyola, 1999). Para uma discussão recente do Trilema de Agripa, ver o artigo de Michael Williams, "The Agrippan Problem, Then and Now", *International Journal for the Study of Skepticism*, v.5, 2005, p.80-106.

Para uma visão geral recente do trabalho sobre a epistemologia do desacordo, ver o verbete "Disageement" (2018), de Bryan Frances e Jonathan Matheson, em *Stanford Encyclopedia of Philosophy*, editada por E. Zalta (disponível em: https://plato.stanford.edu/entries/disagreement; [acesso em: 11 jan. 2024). A ideia de que o desacordo com nossos pares epistêmicos exige que diminuamos a confiança em nossas crenças é muito comum na literatura; para algumas versões importantes dessa proposta, ver: David Christensen, "Epistemology of Disagreement: The Good News", *Philosophical Review*, v.116, 2007, p.187-217; Adam Elga, "Reflection and Disagreement",

Noûs, v.41, 2007, p.478-502; e Richard Feldman, "Reasonable Religious Disagreements", *Philosophers Without Gods*, editado por L. Antony (Oxford: Oxford University Press, 2007, p.194-214).

Para uma visão geral recente da literatura sobre humildade intelectual, ver o artigo de Nancy Snow, em *Routledge Handbook of Virtue Epistemology*, editado por H. Battaly, capítulo 15 (Londres: Routledge, 2018). Para um relato influente da modéstia, que é um traço cognitivo intimamente relacionado à humildade, pois envolve uma avaliação rebaixada das próprias habilidades e realizações, ver o artigo de Julia Driver, "The Virtues of Ignorance", *Journal of Philosophy*, v.86, 1989, p.373-384. Para a defesa-chave da visão da humildade intelectual como "reconhecimento das próprias limitações", ver o artigo de Daniel Whitcomb, Heather Battaly, Jason Baehr e Daniel Howard-Synder, "Intellectual Humility: Owning our Limitations", *Philosophy and Phenomenological Research*, v.94, 2017, p.509-539. Para uma defesa do relato da humildade intelectual do tipo "voltada para fora" oferecido aqui, ver o livro de Robert Roberts e W. Jay Wood, *Intellectual Virtues: an Essay in Regulative Epistemology* (Oxford: Oxford University Press, 2007). Para outras propostas a humildade intelectual, ver também Alessandra Tanesini, "Intellectual Humility as Attitude", *Philosophy and Phenomenological Research*, v. 96, n.2, 2016, p.399-420 (disponível em: https://doi.org/10.1111/phpr.12326; [acesso em: 11 jan. 2024]), e Maura Priest, "Intellectual Humility: an Interpersonal Theory", *Ergo*, v.4, n.16, 2017 (disponível em: http://dx.doi.org/10.3998/ergo.12405314.0004.016; [acesso em: 11 jan. 2024]). Para uma discussão mais aprofundada sobre como a humildade intelectual pode ser compatível com uma convicção razoável, de modo que não temos que diminuir automaticamente nossa confiança em nossas crenças diante de um desacordo com um par epistêmico, ver meu artigo "Intellectual Humility and the epistemology of disagreement", *Synthese*, v.198, 2018 p.1711-1723 (disponível em: https://doi.org/10.1007/s11229-018-02024-5; [acesso em: 11 jan. 2024]).

ÍNDICE REMISSIVO

SOBRE O LIVRO

Formato: 14 x 21 cm
Mancha: 24,6 x 38,4 paicas
Tipologia: Adobe Jenson Regular 13/17
Papel: Off-white 80 g/m² (miolo)
Cartão Triplex 250 g/m² (capa)
1ª edição Editora Unesp: 2024

EQUIPE DE REALIZAÇÃO

Edição de texto
Maísa Kawata (Copidesque)
Carmen T. S. Costa (Revisão)

Capa
Marcelo Girard

Editoração eletrônica
Sergio Gzeschnik

Assistente de produção
Erick Abreu

Assistência editorial
Alberto Bononi
Gabriel Joppert

Impressão e acabamento:

impress
gráfica e editora